新时代中国大学生思想教育与管理

陈娟娟　著

中国财富出版社

图书在版编目(CIP)数据

新时代中国大学生思想教育与管理 / 陈娟娟著. —北京：中国财富出版社，2019.9

ISBN 978-7-5047-7015-8

Ⅰ．①新… Ⅱ．①陈… Ⅲ．①大学生－思想政治教育－研究－中国 Ⅳ．① G641

中国版本图书馆 CIP 数据核字(2019)第 196210 号

策划编辑	郭怡君	**责任编辑**	郭怡君	**版权编辑**	李　洋
责任印制	梁　凡	**责任校对**	孙丽丽	**责任发行**	于　宁

出版发行	中国财富出版社
社　　址	北京市丰台区南四环西路 188 号 5 区 20 楼　　**邮政编码** 100070
电　　话	010-52227588 转 2098(发行部)　　010-52227588 转 321(总编室)
	010-52227566(24 小时读者服务)　　010-52227588 转 305(质检部)
网　　址	http://www.cfpress.com.cn　　**排　版**　亳州徽墨文化传媒有限公司
经　　销	新华书店　　**印　刷**　廊坊市文峰档案印务有限公司
书　　号	ISBN 978-7-5047-7015-8/G・0819
开　　本	710mm×1000mm　1/16　　**版　次**　2024 年 10 月第 1 版
印　　张	10　　**印　次**　2024 年 10 月第 1 次印刷
字　　数	169 千字　　**定　价**　68.00 元

前　言

随着时代的发展和社会的进步，大学生思想教育与管理工作面临新的机遇和挑战。作为教育工作者，我们深知大学生思想教育的重要性，也清楚这项工作的复杂性。本书旨在系统总结和探讨大学生思想教育与管理的理论、实践和创新，为提升大学生思想素质和全面发展提供理论支撑和实践指导。

首先，本书回顾了大学生思想教育的历程和逻辑，通过对大学生思想教育的战略认识，探讨了在新形势、新条件和新问题下，如何有效开展大学生思想教育工作。其次，本书从大学生思想教育的基本规律出发，分析了大学生思想教育的地位和目标，以及合理利用大学生思想教育各类途径和切实加强大学生思想教育队伍建设的重要性和实践方法。同时，本书深入研究了大学生思想教育工作所面临的问题，并提出了应对措施，特别是在新媒体时代下，针对新挑战和新机遇提出了创新路径和模式。最后，在探讨大学生线上思想教育的创新发展之后，本书重点介绍了构建特色鲜明的思想教育主题网站以及学生干部管理等实践工作。本书力求为读者提供全面、深入的理论分析和实践指导，旨在引领大学生思想教育与管理工作朝着更高水平、更广范围、更深层次的方向发展。

希望本书成为大学生思想教育与管理领域的一部重要参考资料，为广大教育工作者、学生干部和相关研究者提供理论启示和实践指导，共同推动我国大学生思想教育与管理事业的蓬勃发展。愿本书成为读者在大学生思想教育与管理领域的得力助手，为推动教育事业的发展贡献力量！

编者

2024 年 4 月

CONTENTS
目 录

第一章
大学生思想教育的历程与逻辑

第一节　大学生思想教育的历程

一、曲折发展阶段

在曲折发展阶段，大学生思想教育的显著特征包括以下五个方面。

（一）对大学生思想教育的法律与制度建设的重视

在中华人民共和国成立初期，国家对于大学生思想教育的重视程度很高，并将其视为转变传统大学、构建社会主义新型高等学府、培养具备全面社会主义素质人才的关键。

这种重视表现在多个方面：首先，我国将大学生思想教育纳入《共同纲领》这一具有临时宪法性质的文件中，并以法律形式确立了其在教育系统中的重要地位；其次，在国家层面的教育会议上，强调必须在各级学校深入开展思想教育，积极学习马克思列宁主义和毛泽东思想，并将其作为《高等学校暂行规程》的一部分，这确立了大学生思想教育在高等教育中的重要性；最后，毛泽东对于高等学校思想教育提出了一系列重要指示，强调各级学校和教育部门要高度重视并积极推动大学生思想教育。

（二）大学生思想教育核心任务的确立

在中华人民共和国成立初期，共产党的中心任务是巩固新政权、恢复和发展国民经济以及实施社会主义改革。与此同时，教育部门的主要任务是废除旧教育体系，彻底改革为帝国主义和封建买办势力服务的旧教育，推广新民主主义教育。在这种背景下，大学生思想教育的核心任务是培育大学生为人民服务的意识，目的是彻底转变大学生的政治立场，使他们认同新生的人民政权。此外，在此时期的政治环境下，随着抗美援朝战争的进行，大学生的教育还包括爱国主义、国际主义和革命英雄主义等内容，激励大学生积极支持并参与到这场战争中去。

（三）"又红又专"的人才培养目标的提出

在社会主义建设的常态化发展期间，党对人才培养目标的认识不断深化，从"培养国家建设人才"到"德智体全面发展"，最终形成"又红又专"的标准。这一标准对大学生思想教育产生了深远影响，被视为指导大学生健康成长的方向标。在平稳发展时期，它指导大学生朝着全面发展的目标努力；在动荡时期，这一目标则转变为对大学生实际能力培养的重视。

（四）大学思想教育体制的逐步完善

中华人民共和国成立后，党开始在高等院校中建立自己的组织结构，从最初的校长负责制逐步过渡到以党委为核心的领导体系。在这个过程中，高等学校的思想教育职能得以明确，各高等学校成立"政治辅导处"并配备政治辅导员，以确保大学生思想教育工作有效进行。同时，高等学校中普遍设立了青年团和学生会，这些组织在党的统一领导下，成为联系和教育大学生的重要力量。

（五）思想政治理论课程的广泛开设

以马克思列宁主义为指导，高等学校普遍开设了思想政治理论课程，形成了一套相对完整的思想政治理论课程体系。这些课程旨在通过系统的理论教学，塑造大学生的科学世界观和革命人生观。思想政治理论课程强调理论与实际相结合，鼓励大学生解决实际问题，反对单纯的记忆和重复，推广启发式和探索性的学习方法。

二、新一轮发展阶段

改革开放初期到 21 世纪初，高等学校对大学生思想教育有了更深刻的认识。在这一阶段，党和国家从战略高度重新审视和强调大学生思想教育的重要性，认为它关乎国家的未来和民族的命运。坚持党的基本路线，与大学生的思想教育紧密相连，这就要求教育工作要更加注重理论深度和实际效果的结合。

（一）大学生思想教育的位置提升与战略地位确认

改革开放初期，大学生思想教育的地位显著提升，被置于高等学校工作的首位。随着国家对教育政策的不断调整和优化，大学生思想教育成为高等教育中不可分割的一部分，因为要确保每位大学生都能在正确的政治方向下接受教育，并成为全面建设社会主义现代化国家的优秀人才。

（二）马克思主义最新理论成果在教育中的突出运用

在这一时期，教育部门特别强调将马克思主义的最新理论成果，如邓小平理论和"三个代表"重要思想融入大学生的日常学习。这些理论成果不仅丰富了大学生的知识体系，也加强了他们对中国特色社会主义理论体系的理解和认同，有利于塑造一代有理想、有能力的新型人才。

（三）专业化和职业化的思想教育队伍建设

从 1983 年起，部分高等学校开始尝试招收思想教育专业的本科生和第二学士学位生，这标志着思想教育队伍向专业化和职业化的转变。这一转变旨在通过专业培训，提高思想教育工作者的专业能力和教育质量，确保思想教育工作的系统性和连续性。

（四）思想政治理论课程成为主渠道

随着时间的推移，思想政治理论课程成为思想教育的主要渠道。随着"85方案""98方案""05方案"的相继推出，思想政治理论课程在各高等学校得到了系统的整合和优化。这些课程不仅是传授知识的平台，也是培养大学生正确世界观、人生观和价值观的关键环节。

（五）社会实践作为思想教育的有效载体

社会实践活动被视为大学生思想教育的有效载体。大学生通过参与社会实践，将所学知识与社会实际相结合，能够加深自我认识，增强社会责任感。同时，教育部门不断丰富社会实践的内容和形式，以帮助大学生形成全面的世界观。

（六）校园文化的育人功能得到强调

21世纪以来，校园文化的建设被赋予了重要的教育功能。高等学校普遍加强校园文化建设，并将其视为大学生思想教育的重要途径之一。通过丰富多样的校园文化活动，不仅优化了高等学校育人环境，也有效地提升了大学生的思想素质和文化修养，使大学生在轻松愉快的环境中接受社会主义核心价值观的熏陶。

（七）网络技术的应用拓展了思想教育的新阵地

随着信息技术的迅速发展，网络已成为大学生思想教育的新平台。教育部门高度重视网络技术的应用，通过网络教学和在线资源，思想教育的覆盖面得以进一步扩大。同时，教育部门对网络思想教育进行了系统规划，以适应数字时代的教育需求。

（八）心理健康教育的融入提高了大学生思想教育的综合效果

认识到心理健康对大学生发展的重要性后，大学生思想教育开始融入心理健康教育。高等学校普遍设立心理咨询机构，配备专职心理健康教育人员，通过心理健康课程和咨询服务，帮助大学生建立正确的人生观和价值观，同时提升其抗压能力和自我管理能力。

（九）系统的思想教育理论与实践的深化

21世纪初，大学生思想教育的理论与实践得到了进一步的深化和完善。通过持续的理论研究和实践探索，形成了一套较为完整的教育体系和操作机制。这确保了大学生思想教育的科学性、系统性和连续性，有效地提高了大学生思想教育的针对性和实效性。

（十）整体教育环境的优化和政策支持

为了更好地推动大学生思想教育的发展，国家和各级教育部门不断优化教育环境，出台相关政策和措施，提供必要的资源和支持。这些政策和措施不仅加强了高等学校思想教育的基础设施，也为教育工作者提供了更多的专业发展机会和教育资源，促进了教育质量的全面提升。

第二节　大学生思想教育的逻辑

大学生思想教育工作是一项系统的工程，需要从战略高度进行规划和实施。它涉及一系列相互关联的环节，每个环节都有其内在逻辑，这些环节共同构成一个完整的教育体系。大学生思想教育是一个精密的逻辑网络，由多个环节连接，每个环节在整个教育系统中扮演着特定的角色，发挥着不可替代的作用。

一、统一认识：逻辑前提

统一的思想基础是大学生思想教育的根本前提。任何有效的教育实践都必须建立在参与者思想基础的高度统一之上。成功实施任何计划，不仅取决于执行者的技能和资源，更依赖于他们对任务重要性的共同理解和重视。没有共识，就难以推动任务顺利进行，解决问题的过程也将充满挑战，目标的实现就会遥不可及。大学生思想教育作为系统化且有组织的活动，不仅需要教育者和大学生之间互动，更需要所有相关方面在思想基础上达成高度的一致，形成强大的合力。

大学生思想教育关乎国家的长远发展和民族的未来命运。为此，我们必须在以下几个方面形成统一的认识。

（一）国家未来的关键投资

培养大学生代表着为国家未来进行关键投资。大学生的思想和行为直接影响着国家的未来和民族的命运。作为国家最宝贵的人力资源之一，大学生群体不仅承载着实现民族复兴的希望，也是推动社会主义现代化建设的中坚力量。因此，大学生的思想教育不仅是提升个体素质的过程，更是一项关乎党和国家前途命运的"希望工程"。

大学生思想教育的重要性不言而喻。通过教育，可以引导大学生树立正确的世界观、人生观和价值观，培养他们承担民族复兴大任的责任感和使命感。例如，大学生思想教育强调社会主义核心价值观的培养，旨在引导大学生树立正确的社会主义政治方向，树立正确的民族精神，以实现中华民族伟大复兴。此外，大学生思想教育是构建和谐社会的重要保障。大学生作为社会的中坚力量，其思想状况直接关系到社会的稳定与和谐。通过思想教育，可以引导大学生树立正确的社会责任感和公民意识，促进社会各阶层和谐共处。例如，大学生思想教育注重培养公民道德、法治观念和社会责任感，以促进社会的进步和发展。

大学生思想教育对于培养创新创业人才具有重要意义。现代社会对于创新型人才的需求日益增加。通过思想教育，可以激发大学生的创新意识和创业精神。例如，大学生思想教育注重培养创新创业意识和能力，鼓励大学生积极参与创新创业活动，推动科技创新和经济发展。

（二）全面发展的基础工作

首先，大学生的健康成长和全面发展是国家可持续发展的重要保障。在现代社会中，知识经济和技术创新日益成为国家发展的主导力量，而高等教育正是培养创新型人才的重要渠道。通过全面发展的教育，大学生不仅能够掌握专业知识和技能，还能够培养创新精神和实践能力，从而为国家的科技创新和经济发展提供强大支持。

其次，大学生的健康成长和全面发展对于社会的稳定与和谐具有重要意义。现代社会面临着各种复杂的挑战和问题，如经济发展不平衡、社会结构不稳定等，而解决这些问题需要高素质的人才的努力。通过全面发展的教育，大学生不仅能够增强自身的适应能力，还能够培养团队合作精神和社会责任感，从而为社会的稳定与和谐做出积极贡献。

再次，大学生的健康成长和全面发展是国家文化"软实力"的重要体现。

在全球化的背景下，文化交流和文化竞争越发激烈，而国家的文化"软实力"是衡量一个国家国际竞争力的重要标志。通过全面发展的教育，大学生不仅能够传承和发展国家的优秀传统文化，还能够增强国家在国际文化交流中的影响力和竞争力，从而提升国家的文化"软实力"。

最后，大学生的健康成长和全面发展是实现国家现代化和全面建设社会主义现代化国家的必然要求。中国正处于全面建设社会主义现代化国家的关键时期，而实现这一宏伟目标需要一支素质过硬、能够适应现代化要求的人才队伍。这就需要大学生掌握现代科技和管理技能，践行社会主义核心价值观，从而为国家现代化建设提供有力支撑。

（三）满足人民期待的民心工程

第一，大学生思想教育是民心工程的核心内容之一。随着社会的发展，人民群众对于大学生的综合素质要求日益提高。他们希望大学生不仅具有扎实的专业知识和技能，还要具备良好的道德品质和社会责任感。例如，人们期待大学生在面对挑战和困难时能够坚守正确的价值观，期待大学生勇于承担社会责任，为国家和社会的发展贡献自己的力量。因此，加强大学生思想教育，使其树立正确的世界观、人生观和价值观，提高其道德修养和社会责任感，才能赢得人民群众的支持和认同。

第二，大学生思想教育的质量直接关系到民心工程的成效。人民群众对于高等教育的期待并不仅限于大学生的学术水平，还有大学生的全面发展。因此，大学生思想教育应当注重培养大学生的思想品德、创新精神和实践能力，使其成为德才兼备、全面发展的社会栋梁。例如，一些高等学校通过组织大学生参与社会实践、志愿服务和科技创新活动等，引导大学生树立正确的人生观和价值观，培养其创新精神和实践能力，从而满足人民群众对于高等教育的期待和要求。

第三，加强大学生思想教育可以增强民族凝聚力和国家认同感。作为国家的未来和民族的希望，大学生在塑造民族精神和国家形象方面具有重要作用。加强大学生思想教育，使其树立正确的民族观念和爱国情怀，增强其对祖国的热爱和对民族的认同，有助于增强民族凝聚力和国家凝聚力。例如，一些高等学校开展爱国主义教育和民族团结活动，引导大学生热爱祖国、尊重民族文化，从而促进民族团结和社会和谐。

（四）全社会的共同努力

实现大学生思想教育的目标需要家庭、高等学校、社会三方面的共同参与和密切配合。只有通过全社会的努力，才能形成有利于大学生健康成长的良好环境，这是一个需要全党、全社会共同努力的社会工程。

首先，家庭是大学生思想教育的第一道防线。家庭是大学生成长的第一个社会环境，家庭的教育方式和家庭氛围对大学生的成长起着至关重要的作用。一个温馨和睦的家庭环境能够培养大学生良好的品德和正确的价值观，激发其学习的兴趣和动力。例如，一些家庭通过家庭活动和家庭教育，使大学生在成长过程中形成积极向上的人生态度和行为习惯。

其次，高等学校是大学生思想教育的主要阵地。高等学校的教育者作为大学生思想教育的主要实施者，承担着培养大学生的重要责任。高等学校应当通过课堂教学、校园文化活动等途径，引导大学生树立正确的世界观、人生观和价值观，培养大学生的创新精神和实践能力。例如，一些高等学校开设思想政治课程，组织大学生参与社会实践和志愿服务活动，引导大学生积极参与社会建设。

最后，社会是大学生思想教育的重要支持者和参与者。社会环境直接影响着大学生的成长和发展。因此，社会应当为大学生提供良好的学习和生活环境，营造尊重知识、尊重人才的社会氛围。例如，一些社会组织和企业开展各种形式的青年培训和交流活动，为大学生提供实践机会和成长平台；同时，媒体通过宣传正能量和优秀榜样，为大学生思想教育提供了舆论支持和社会保障。

二、确立目标：逻辑起点

在开展大学生思想教育工作时，确立目标是不可或缺的逻辑起点。这主要是因为思想教育工作的核心目的在于塑造大学生的世界观、人生观和价值观，为其未来的个人发展打下坚实的基础。它不仅为大学生思想教育指明了方向，还为实现大学生的全面发展提供了保障。高等学校应依据这一逻辑起点，系统规划和实施思想教育活动，努力培养具有良好思想素质、道德品质、创新精神和实践能力的社会主义事业建设者和接班人。

根据国内外形势的变化和大学生思想的实际情况，党和国家提出了不同阶段的思想教育目标，并在实践中不断探索、总结经验。因此，大学生思想教育目标的确立应当紧密结合特定时代背景和社会环境，针对大学生的具体思想状况，提出新的目标和任务。

目标的确定不仅是为了指导工作方向，还是工作开展的内在依据。在整个思想教育系统内，目标是其他环节顺利开展的内在依据，各项工作都围绕着目标展开。教育者在选择教育内容、方法途径、组织活动时都以目标为指导。目标还是对教育效果进行评价的标准和尺度。因此，确立目标对于整个大学生思想教育过程至关重要。

三、开展工作：逻辑展开

明确大学生思想教育目标后，选择合适的教育内容是至关重要的。内容选择必须与教育目标紧密相连，因为它关系到教育性质，关系到最终教育目标是否能够实现。因此，科学准确地把握大学生思想教育的内容，是有效开展工作的前提条件。

确立正确的指导思想和工作原则也是至关重要的。这些思想和原则在教育工作中起着巨大的作用，决定着教育工作的方向和效果。缺乏正确的指导思想会导致教育工作迷失方向，无法与时代同步。没有科学的工作原则，教育工作效果将大打折扣。

建立强大的教育工作队伍是必不可少的。工作的实现离不开人的因素，大学生思想教育工作需要一支拥有专业素养和奉献精神的工作队伍。他们是有目的、有计划、有组织地对大学生进行系统的教育和引导的主力。

采取恰当的方法和途径也是必要的。方法是达到目标的工具和手段，在教育工作中起着重要作用。途径选择对于目标实现至关重要，是目标实现的重要保证。

良好的社会环境是实现目标的必要条件。大学生思想教育工作需要全社会的关心和支持，需要全社会共同营造一个促进大学生健康成长的良好环境。

政策措施和体制机制的建立也是重要的环节。为了保障目标的顺利实现，需要制定相关政策措施，建立健全的体制机制。没有强有力的制度保障和科学的管理体制，就无法进行协调有序的教育活动。

大学生思想教育工作是在实践中不断改进和发展的。新的问题和情况会不断出现，教育工作者需要结合新的实际，提出有效对策，采用新的方法，确保大学生思想教育工作的顺利开展和目标的实现。只有在实践中不断总结经验，不断改进，才能保证大学生思想教育工作的实效性和持续性。

以下是一些具体的策略。

首先，高等学校应通过建立定期的评估和反馈机制，可以及时了解思想教育工作的实际效果并发现存在的问题。例如，高等学校可以定期组织大学生、教师和其他相关人员参与评估活动，收集他们的意见和建议，以改进和调整思想教育工作的方式和方法。还可以利用现代技术，如网络调查、数据分析等，进行更加全面和深入的评估。其次，高等学校应重视在实践中积累的宝贵经验，并加以总结和进行分享。高等学校通过与其他高等学校或机构的经验交流，可以发现不同地区、不同环境下的教育工作特点和优劣势，从而借鉴和吸收其成功经验，避免其失败教训。例如，高等学校可以组织教育工作者参加学术会议、研讨会，或者开展跨校交流活动，以促进经验的共享和交流。最后，高等学校应重视创新和实践，不断尝试新的理念、方法和技术，以适应社会的发展和变化。例如，高等学校可以利用新媒体、人工智能等，开展线上教育和互动学习，以满足大学生多样化的学习需求。同时，高等学校可以鼓励教师参与教育教学改革实验项目，积极探索符合时代要求的新型教育模式和教学方法。

第二章

大学生思想教育的战略认识

第一节　民族和国家的基础工程

大学生作为国家十分宝贵的人才资源，是推动未来社会、经济、文化发展的主力军，在社会主义事业发展中有着特殊的地位，他们的健康成长，事关国家和民族的未来。加强大学生思想教育，提高大学生的思想道德素质，是各大高等学校主动参与国际竞争的需要，也是坚持"育人为本、德育为先"教育方针的要求。

一、科教兴国和人才强国战略

实施科教兴国和人才强国战略是推动国家发展、实现民族复兴的关键一环。这一战略的核心理念在于充分认识科学技术的重要性，并将教育置于战略地位，以提升国家的科技实力和人才素质为目标，加速国家的现代化进程。科教兴国和人才强国战略，是基于对国内外形势的深刻分析和对国家发展需求的紧迫认识而采取的重大决策。

自改革开放以来，我国以较快的速度在世界舞台上崭露头角，经济持续增长，社会进步显著。然而，随着经济、社会的不断发展，国家对人才的需求与日俱增，人才问题成为制约国家发展的重要因素。党和国家对国内外经验进行科学总结后，意识到科技进步和人才培养对国家发展的重要性。因此，实施科教兴国和人才强国战略旨在加快国家现代化建设步伐，推动中国特色社会主义事业不断向前发展。

科教兴国和人才强国战略的实施是国家未来发展的基石,对于加快社会主义现代化建设、推动中国特色社会主义事业向前发展具有重要意义。这一战略强调人才的核心地位,强调尊重知识、尊重人才。正如邓小平所强调的,"改革经济体制,最重要的、我最关心的,是人才"。可见,人才在国家发展中至关重要,是实现社会跨越式发展的关键。因此,全面实施科教兴国和人才强国战略,必须充分重视教育的基础地位。

教育是培养人才的重要途径,是推动科技进步的基础。因此,教育在实施科教兴国和人才强国战略中发挥着不可替代的作用。教育的内容不仅包括知识和技能,更包括思想道德。加强思想教育成为实施人才强国战略的重要内容,特别是当今世界正处于大发展、大变革、大调整时期,思想教育对于塑造未来人才的品质、增强国家竞争力至关重要。

大学生作为国家宝贵的人才资源,承载着国家发展的希望和民族复兴的责任。加强大学生思想教育,使其德智体美劳全面发展,是实现科教兴国、人才强国战略的必然要求。当前,国际竞争日益激烈,大学生的素质和能力对国家的发展具有重要影响。因此,加强大学生思想教育,是中国特色社会主义事业健康发展的重要保障。

二、育人为本、德育为先的教育要求

所谓育人为本,就是在教育事业上全面贯彻以人为本的教育理念,教育不仅要关注人的当前发展,还要关注人的长远发展;不仅要关注人的某一方面才能的发展,还要关注人的全面发展;不仅要关注受教育之人、育人之人,还要关注教育要为国家、为人民服务,不断满足社会发展的需要。所谓德育为先,就是在培养大学生各方面才能之时,尤其要注意其思想道德品质的提高,就是要将对大学生的思想教育放在首位。

育人为本的精神实质,就是要以学生为主体,以教师为主导,充分发挥学生的主动性,把促进学生的健康成长作为教育一切工作的出发点和落脚点。关心每个学生,促进每个学生主动地、生动活泼地发展,尊重教育规律和学生身心发展规律,为每个学生提供适合的教育。这就意味着高等学校教育必须尊重大学生的成长规律,保证大学生的健康成长。大学生正处在获取知识、发展智力的最佳时期，也正处在思想觉悟、道德情感发展最积极的时期，其思维习惯、行为方式尚未成型，世界观、价值观正在形成之中，无论生理还是心理都还不够成熟，正是需要在理想信念方面被引导的时候。加强大学生思想教育，引导他们树立正确的世界观、人生观、价值观，帮助他们确立正确的教育观念和健康的人生态度，是根据大学生身心发展阶段和特点所应进行的必然之举。

育人为本意味着要以人的全面发展为目标，中国共产党一贯要求培养德智体美劳全面发展的人才，培养有理想、有道德、有文化、有纪律的社会主义建设者和接班人。全面发展，不仅包括知识的积累，也包括能力的提高、素质的提升，其中当然也包括思想道德素质的培养。加强大学生思想教育，重视大学生内在素质的提高，是实现大学生全面发展的重要方面。

德育为先，即将德育放在首要地位。这是指在素质教育中，思想道德素质是灵魂、是保证，在各种素质中是最重要的素质。育人必须首先培养人的思想道德素质，是指高等学校在确定办学指导思想和安排工作时，必须按照教育规律的要求，优先保证德育。高等学校应该把德育放在第一位。这并不是说要把大量的课时用于思想教育，而是意味着要将道德教育的理念和实践渗透到大学生的日常学习、生活中，如同细雨滋润干涸的土地，无声无息中孕育出生命的绿意。高等学校的德育工作并非高谈阔论，而是一种氛围，一种无形中塑造人的力量。大学生作为国家的宝贵资源，他们的健康成长、成才，直接关系到我们党和国家的前途命运，因而，尤其需要加强对他们的思想教育，增强思想教育的实效性。

第二节　新形势和新条件之必需

当前国际、国内形势发生了深刻变化，大学生思想教育既面临有利条件，也面临严峻挑战。在机遇与挑战面前，大学生思想教育工作还未做好充分的准备，需要进一步加强和改进。

一、新形势：国际"风云变幻"

当今世界，国际形势变幻莫测，经济全球化的浪潮汹涌而来，给各国带来了前所未有的挑战和机遇。在这个背景下，中国作为世界上最大的发展中国家，与国际社会的联系日益密切，因而大学生面临着更为复杂的思想教育环境。经济全球化为大学生提供了学习国外先进科学技术和优秀文化成果的便利条件，但也为大学生思想教育工作带来了一系列严峻的挑战。

第一，随着经济全球化的深入发展，一些来自西方的别有用心者试图通过宣扬经济全球化的"超国家""超阶级性"来影响和干扰我国大学生的思想认知。这些人试图利用经济、教育等渠道，推销资本主义意识形态，妄图动摇我国大学生的思想基础，阻碍中国特色社会主义事业的发展。他们故意歪曲经济全球化的本质，宣扬"地理的终结""意识形态的终结"，试图误导大学生，打击我国的思想教育工作。因此，大学生思想教育工作者必须提高警惕，加强对西方意识形态渗透的防范和抵御，坚守马克思主义的思想阵地，引导大学生正确理解和把握经济全球化的本质和规律。

第二，随着国际形势的发展，资本主义与社会主义之间的力量对比明显失衡，资本主义依然在全球范围内占据主导地位，而国际共产主义运动暂时处于低潮。在这种情况下，一些大学生可能会产生"低潮时期综合征"，表现为悲观失望、消极颓废。他们对社会主义的前景产生怀疑，对马克思主义的理论产生怀疑，甚至对中国特色社会主义的信心产生动摇。面对这种情况，大学生思想教育工作者必须正确引导大学生，使其深刻认识人类社会发展的客观规律和必然趋势，坚定信心、增强信念，使其更加坚信中国特色社会主义道路。

第三，在经济全球化背景下，资本主义国家的发展与社会主义国家面临的挑战之间的矛盾更为尖锐。一方面，资本主义国家通过科技进步和经济发展，提高了生产力水平和物质文化生活水平，从而使社会主义国家形成了一定的压力；另一方面，社会主义国家仍然面临着发展不平衡、资源匮乏等问题。因此，大学生思想教育工作者必须引导大学生正确认识国际关系，使其认识到经济全球化对社会主义国家的挑战和机遇，进而激发大学生的国家意识和责任感，使其为国家的繁荣和发展贡献自己的力量。

二、新条件：国内经济迅速发展

中国人民精神面貌的变化对大学生思想教育具有重要的影响。改革开放使中国人民的生活更加富裕，人民的精神面貌发生了很大的变化。这进一步感召和凝聚了包括大学生在内的全国人民，使全国人民更加坚信社会主义的美好前途，更加坚信中国共产党领导的正确性，更加坚定走社会主义道路的信念。但是，富裕的生活也容易让人滋生拜金主义、享乐主义和利己主义。在这种社会风气的影响下，一些大学生开始把金钱作为衡量人生价值的主要尺度，忽视道德的约束及理性的存在，这给大学生思想教育工作带来了新的挑战。改革开放引入的市场机制使我国传统文化中盛行的知足常乐、故步自封等意识慢慢消解，逐渐为开拓进取、竞争开放、创新创业的精神所取代，但同时诱发了一些人的自由主义、分散主义和极端个人主义。随着改革开放的深入，我国的社会经济成分、组织形式、利益关系、分配方式日益多样化，人们思想活动的独立性、选择性、多变性和差异性明显增强，这有利于人们树立自强意识、创新意识、成才意识、创业意识，同时造成了人们价值观念和行为方式的多样性、多变性和矛盾性。所有的这一切，必然会对大学生产生强大冲击，进而给大学生思想教育工作带来新的问题和挑战。

改革开放四十多年来，我国确立了社会主义市场经济体制。社会主义市场经济制度的推行，为我国社会经济发展注入了新的活力，促进了我国经济的快速发展，彻底改变了我国近代以来积贫积弱的面貌，"一个面向现代化、面向世界、面向未来的社会主义中国巍然屹立在世界东方"。

马克思主义基本原理告诉我们，经济上的深刻变化必然带来思想观念上的深刻变化。在市场经济条件下，人们的思想观念日趋多元化，价值取向日趋多样化，这有利于人们主体意识、效益观念、求实精神的形成，同时使人的价值取向日益功利化、市场化，进而导致一部分人的价值观扭曲、教育信仰迷茫。受整个社会风气的影响，一些大学生的价值取向、理想信念也在不同程度上出现了问题。这迫切需要加强大学生思想教育，引导大学生追求植根于现实生活之上的有意义的人生，正确处理好现实和未来的关系。可是大学生思想教育的价值不能通过抑制市场经济的发展来实现，只能寻求一种新的机制来构建大学生的精神家园，这无疑给大学生思想教育增加了不少困难。改革开放为大学生了解世界、增长知识、开阔视野提供了更加有利的条件。同时，对外开放让西方腐朽的思想文化、价值观念、生活方式以各种形式渗透进来，给大学生思想教育工作带来了很大困难，从而使"如何引导大学生既积极学习和正确吸收人类优秀文明成果，又自觉鉴别和抵御各种腐朽落后的思想文化"成为新形势下加强和改进大学生思想教育的一个迫切需要解决的问题。

中国共产党的精神面貌对大学生思想教育具有重要的影响。改革开放对于中国共产党来说，既是一个伟大创举，又是一个全新课题。面对改革开放这一全新课题，党更加地认识自己、加强自己和提高自己，研究和解决自身建设中遇到的新矛盾、新问题。此外，加强和改进党的建设本身是改革开放的目的之一。为了适应改革开放新形势的需要，党紧紧围绕提高领导水平和执政水平、提高抵御风险的能力，着重从思想和作风、体制和机制、方式和方法、素质和本领等方面进行了加强和改进，使党的面貌得到进一步完善：党的领导水平、执政水平和抵御风险能力明显提高；党的建设新的伟大工程全面推进，执政能力建设和先进性建设深入进行；思想理论建设成效显著，党内民主不断扩大，党内生活准则和制度不断健全，党的各级组织不断加强，干部队伍和人才队伍朝气蓬勃；党的作风建设全面加强，党内法规更加完善；党领导改革开放和社会主义现代化建设能力显著提高，在中国特色社会主义事业中的领导核心作用不断增强。这些变化不仅进一步坚定了大学生跟党走的信念，增强了党的凝聚力和号召力，也为开展大学生思想教育工作提供了有力依据。

改革开放以来，中国人民的精神面貌等一些变化给大学生思想教育工作的开展创造了大量的有利条件，提供了许多良好素材和有力依据，但是也给大学生思想教育提出了一系列新要求、新挑战。如何引导大学生正确认识国情和社会主义建设的客观规律？如何引导大学生正确认识肩负的历史使命，努力成为德智体美劳全面发展的中国特色社会主义的建设者和接班人？对此，大学生思想教育工作必须根据我国在经济、教育和文化领域中出现的新任务和新问题加以开展。

第三章
大学生思想教育的基本规律

第一节　准确把握大学生思想教育的地位和目标

充分认识大学生思想教育在高等教育事业发展中的地位和作用，是顺利开展大学生思想教育工作的前提。我们必须将大学生思想教育工作摆在一个更加突出的位置，给予高度重视。大学生思想教育的目标是开展大学生思想教育工作的起点，其他一切都需要围绕目标的实现来确立和选择。大学生思想教育目标的确立和调整，既要紧密结合党的路线方针，又要符合教育发展的一般规律。

一、大学生思想教育的地位

大学生不但是未来社会主义事业建设的骨干力量，而且是我们党和国家干部的后备力量。他们的科学文化素质、思想教育素质、道德品质及健康素质如何，直接关系到我们民族未来的整体素质，尤其是他们的思想教育素质如何，直接关系到我们党和国家的前途命运。也正是因为大学生思想教育素质的重要性，才使大学生思想教育成为高等教育事业的一个重要组成部分。准确把握大学生思想教育在高等教育事业发展中的地位，确保其正常、有效地运行，是发展社会主义教育事业必须解决的根本问题。

我们党一贯高度重视大学生思想教育工作，并将其作为一项重大战略任务来抓。在革命战争年代，我们党特别重视"人"的因素，强调人的革命觉悟和精神能动作用。从这个思想出发，党在各项工作中都坚持"思想领先"的原则，把思想教育工作作为一切工作的"生命线"。这是我们党的教育优势和优良传统。

中华人民共和国成立后，党在高等教育领域继承和发扬了这一优良传统，将大学生思想教育摆在了一个十分突出的位置，并将其视为与维护旧经济秩序的中国旧教育的重要区别，视为提高大学生社会主义觉悟、培养又红又专的国家建设人才的重要手段。这种做法是符合党的路线方针的，并且顺应了当时社会发展的要求。这是因为我们党刚刚走向执政地位，迫切需要宣传自己的执政理念和思想体系，以获取新生一代的认同、支持，进而扩大执政的阶级基础和社会基础。

党的十一届三中全会之后，尤其是党的十三届四中全会以后，我们党始终站在确保党的事业后继有人和社会主义事业兴旺发达的战略高度，站在全面建成小康社会和实现中华民族伟大复兴的全局高度来对待大学生思想教育，要求全党全社会关心大学生的健康成长，理解和支持大学生思想教育工作，尤其要求高等学校和教育行政主管部门要将大学生思想教育工作放在一个更加突出的位置。这种战略认识及做法既契合了社会主义大学的本质要求，也顺应了时代发展。正是由于党的高度重视，大学生思想教育工作才得以顺利开展，高等学校才得以保持长期的稳定，党和人民的事业才得以不断地进步和发展。

高等学校固然应当将大学生思想教育作为一项战略性任务，但大学生思想教育受到各种因素的制约。因此，我们不能脱离学校教育的整体性，孤立地、片面地看待大学生思想教育的地位，而应该对其有一个合适的定位，无论是有意否定它的作用，还是人为夸大它的功能，都将给大学生思想教育和高等教育事业带来巨大损失。在这方面，我们曾有过深刻的教训。

大学生思想教育是当今教育体系中不可或缺的一环，然而它的地位有时会被夸大，有时又被忽视与贬低。在对大学生思想教育地位的讨论中，我们需要客观审视其作用，避免过分夸大或贬低。

第一，对大学生思想教育地位的过分夸大可能导致"假、大、空"的现象。过分夸大大学生思想教育的作用，有时会使一些教育者和决策者过于注重形式而忽视实质，导致形式主义泛滥。例如，一些高等学校可能只注重举办形式多样的思想教育活动，而忽视了对大学生思想深层次的引导和培养。同时，过分夸大大学生思想教育的作用容易使人产生"大而空"的印象，即会让人们认为只要进行了思想教育活动就可以解决一切问题。但这种忽视对大学生个体差异及其成长环境进行深入分析和关注的想法并不会提升教育效果。

第二，人为地忽视与贬低大学生思想教育的作用是一种极端的做法。虽然大学生思想教育并非唯一影响大学生发展的因素，但它的重要性不可忽视。忽视与贬低大学生思想教育的作用会削弱教育工作的效果，使大学生在道德观念、人生态度等方面缺乏正确引导，容易受到外部不良影响而偏离正轨。尤其是在当前信息时代，大学生容易接触到各种信息，如果没有受到良好的思想教育，可能会受到错误观念的影响，产生消极、极端的思想倾向，甚至陷入迷茫和困惑。

因此，我们应该对大学生思想教育的地位保持理性的态度。既要认识到它在塑造大学生思想品德、培养人才等方面的重要性，又要避免夸大其作用，要注重实质而非形式，确保思想教育活动能够深入大学生的内心世界，产生积极的影响。同时，要避免人为地忽视与贬低大学生思想教育的作用，认识到其对大学生发展的积极意义，从而更加重视思想教育工作的开展。

二、大学生思想教育的目标

在大学生思想教育的整个系统中，目标问题是一个带有方向性的问题，也是大学生思想教育的根本性问题。它反映了大学生思想教育的本质和方向，规定了大学生思想教育的基本内容，制约着大学生思想教育的发展。可以说，大学生思想教育目标是进行大学生思想教育工作的全部起点，所有内容、方法、途径的选择都是为目标服务的，最终目的是实现大学生思想教育目标。

大学生思想教育的总体目标是培养社会主义建设者和接班人。但由于每个时期党的路线方针政策、社会发展需要、大学生自身需求等的变化，大学生思想教育的具体目标也就有所区别。进入新时代以来，党提出了培养德智体美劳全面发展的社会主义建设者和接班人，造就数以亿计的高素质劳动者、数以千万计的专门人才和一大批拔尖创新人才的战略任务，大学生思想教育以此为目标，要努力引导大学生勤于学习、善于创造、甘于奉献，成为有理想、有道德、有文化、有纪律的社会主义新人。

从中华人民共和国成立以来大学生思想教育目标的演变历程来看，大学生思想教育目标的确立和调整主要围绕以下几个方面进行。

（一）要体现党的教育方针

思想教育目标的确立必须体现党的教育方针，因为教育方针直接关系到国家和社会的长远发展。高等学校作为培养未来社会主义建设者和接班人的重要阵地，其思想教育工作必须贯彻党的教育方针，以确保大学生在思想觉悟和道德修养方面能够符合社会主义核心价值观，并具备丰富的知识和扎实的本领。

第一，体现党的教育方针意味着思想教育目标必须与社会主义核心价值观相契合。社会主义核心价值观是中国特色社会主义的重要组成部分，是中国共产党领导的中国特色社会主义的灵魂和精髓。因此，高等学校的思想教育目标应当围绕社会主义核心价值观展开，引导大学生树立正确的世界观、人生观和价值观，坚定社会主义信仰，增强对中国特色社会主义事业的信心和责任感。

第二，体现党的教育方针需要高等学校坚持社会主义办学方向。这意味着高等学校必须把马克思主义作为指导思想，全面贯彻党的教育方针，坚决抵制各种形式的资产阶级思想和文化侵蚀，营造有利于提高大学生社会主义思想觉悟的校园文化氛围。例如，加强马克思主义理论课程的教学，组织大学生参与社会主义实践活动，提供学习和交流社会主义理论和实践经验的平台，以培养大学生对社会主义事业的深刻理解和坚定信念。

第三，体现党的教育方针需要高等学校加强大学生思想教育。思想教育是高等教育的重要任务之一，其目标不仅是培养大学生的专业知识和技能，还要塑造他们的思想品德和人生观。高等学校应该通过课程设置、教学方法、校园文化建设等，引导大学生树立正确的世界观和人生观，树立正确的价值取向，增强社会责任感和使命感，培养具有社会主义思想觉悟和良好道德修养的优秀人才。

第四，体现党的教育方针需要高等学校努力培养具有现代化建设所需知识和技能的优秀人才。随着社会的不断发展和进步，现代化建设对人才的需求也在不断变化。因此，高等学校的思想教育目标应当与时俱进，紧跟时代潮流，注重培养具有创新精神、团队合作能力和实践能力的优秀人才，为实现中国特色社会主义现代化建设贡献力量。

（二）要体现大学生自身发展的需求

大学生思想教育目标的确定必须兼顾大学生自身发展的需求，这是因为大学生作为独立的个体，拥有丰富的个性特征和发展需求。在社会主义发展的进程中，解放和发展人的个性已经成为一项重要的任务，因此，大学生思想教育目标的确立应当促进大学生思想道德素质、科学文化素质和健康素质的协调发展。

第一，大学生思想教育目标应当注重培养大学生的自主意识和创新精神。作为成年人，大学生应当具备自主思考、独立选择的能力，能够在面对各种挑战和困难时，主动思考、勇于探索。例如，高等学校通过开展独立研究项目、参与社会实践活动及组建大学生自治组织等方式，鼓励大学生发挥主体性和创造性，培养他们独立思考和解决问题的能力。第二，大学生思想教育目标应当促进大学生的全面发展。大学生不仅需要在专业知识方面有所涉猎，还需要在思想道德、科学文化和健康素质等方面全面发展。例如，高等学校通过开设丰富多彩的课程、组织多样化的文化活动和体育运动，激发大学生的兴趣和潜能，培养他们的审美情趣、社会责任感和身心健康。第三，大学生思想教育目标应当关注大学生个性发展的多样性。每个大学生都是独特的个体，拥有不同的兴趣爱好、价值观念和人生目标，因此，大学生思想教育应当尊重和包容这种多样性，为大学生提供多样化的发展路径和选择空间。例如，高等学校通过开展个性化辅导和指导、组织多元化的课外活动和社团组织，满足大学生不同层次、不同需求的发展要求，帮助他们找到适合自己的成长之路。第四，大学生思想教育目标应当注重培养大学生的社会责任感和公民意识。作为社会主义建设的参与者和接班人，大学生应当具备高度的社会责任感和公民意识，关心国家和民族的命运，积极参与社会实践和公益活动，为社会的进步和发展贡献自己的力量。例如，高等学校通过组织志愿服务活动、开展社会调查研究和参与公益项目，引导大学生树立正确的社会主义核心价值观，增强他们的社会责任感和使命感。

（三）要体现不同时期党的方针政策的变化

大学生思想教育目标的调整与完善必须与党的方针政策的变化相一致，这反映了党在不同时期对教育事业的重视和调整。中国共产党在不同的历史时期提出了不同的方针政策，这直接影响到大学生思想教育目标的确立和实施。第一，中华人民共和国成立初期，国家面临战争、饥荒、贫困等重重困难，党的主要任务是国家的建设和政权的巩固。在这一时期，大学生思想教育的主要目标是培养一批为国家建设和社会发展贡献力量的优秀人才。因此，思想教育的重点是围绕社会主义建设和爱国主义进行，培养大学生的社会责任感和家国情怀。例如，当时大力开展的爱国主义教育和社会主义道德教育就是为了使大学生树立正确的价值观念，为国家的发展贡献力量。第二，随着改革开放的深入和经济体制的转型，党的方针政策也进行了相应的调整。这一时期，党提出了建设有中国特色社会主义的战略目标，大力推进现代化建设和经济发展。因此，大学生思想教育的目标也随之调整，重点是培养大学生的创新精神和实践能力，以适应社会发展的需要。例如，加强科技创新和实践教育，培养大学生的创新意识和实践能力，成为这一时期思想教育的重要内容。第三，进入21世纪以来，随着中国特色社会主义进入新时代，党的方针政策也发生了新的变化。党的十九大提出了全面建设社会主义现代化国家的战略目标，强调创新驱动发展、人才强国等重要战略。因此，大学生思想教育的目标应当紧密围绕国家的战略需求，培养具有创新精神、国际视野和社会责任感的高素质人才。

（四）既要体现整体性，又要注重层次性

确定大学生思想教育目标需要注意整体性和层次性的统一，这意味着目标体系既要包含丰富多样的内容，又要有清晰的层次结构，以确保全面培养大学生的思想品质和综合素养。

第一，大学生思想教育的整体性体现在对世界观、人生观、价值观等方面的要求上。这些方面构成了大学生思想观念的核心，并直接影响到他们的行为和选择。例如，培养大学生正确的世界观，让他们树立正确的历史观、人生观、价值观，这是大学生思想教育的首要任务之一。在这一方面，高等学校可以借鉴国外先进的教育理念和实践经验，为大学生提供更加广阔的视野和更深层次的思考。第二，大学生思想教育的整体性还要包括对民族精神、基本道德规范、人文素养、科学精神、健康体质等方面的要求。这些方面涵盖了大学生

思想品质和综合素养的各个方面，对于他们的成长和发展至关重要。例如，高等学校加强对民族文化的传承和弘扬，培养大学生的民族自豪感和文化认同感；强调基本道德规范，引导大学生养成正确的行为习惯和道德观念；提倡人文关怀和科学精神，激发大学生的创新思维和探索精神；关注大学生的健康体魄，促进他们身心全面发展。第三，大学生思想教育目标体系还需要具有一定的层次性。这意味着教育目标既要符合大学生的实际水平和需求，又要引导他们不断追求更高的目标，实现个人的自我超越和社会的长远发展。例如，针对普适性目标，可以要求大学生树立正确的人生观和价值观，培养大学生健康的生活方式和强烈的社会责任感；针对高层次目标，可以鼓励大学生树立共产主义远大理想，坚定马克思主义信仰，为实现社会主义现代化和中华民族伟大复兴而奋斗。

第二节　合理利用大学生思想教育各类途径

大学生思想教育包括课堂教育和日常教育两个重要方面，其中课堂教育是主导，日常教育是对课堂教育功能发挥和效果巩固的积极与有效配合，二者相互依存、相互补充、相互协调，共同发挥思想教育的育人作用。

一、课堂教育的主导作用

（一）思想教育理论课的独特特点

思想教育理论课之所以能够成为大学生思想教育的主渠道，是由思想教育理论课自身的特点所决定的。

1. 课堂教学的基础地位

思想教育理论课的独特特点源自其在大学生思想教育中的主导地位，这一主导地位体现在多个方面。第一，思想教育理论课作为课堂教学的基础，承载了学校教育的核心任务。在课堂教学中，教师可以有针对性地传授马克思主义思想教育理论，通过系统化的教学安排和组织，确保大学生全面了解这一理论体系。例如，通过对马克思主义基本原理的解读和讨论，大学生可以深入理解社会发展规律和历史进程，从而树立正确的世界观和人生观。第二，思想教育理论课的教学内容具有系统全面的特点。作为主要渠道，这门课程不仅传授知识，更是培养大学生综合素养的重要途径。通过对马克思主义思想教育理论的全面讲解，大学生可以建立科学的思维方式和价值观念，提升自身的人文素养和社会责任感。例如，通过对社会主义核心价值观的解读和讨论，大学生可以更好地理解社会主义核心价值观的内涵和重要性，从而树立正确的价值取向和行为准则。第三，思想教育理论课教学方式的特点是有组织性、有目的性。在课堂上，教师可以有计划地组织讲授，针对大学生的学习需求和实际情况进行精心设计，确保教学内容的针对性和时效性。通过灵活多样的教学方法和手段，如案例分析、讨论互动等，教师可以激发大学生的学习兴趣，提高他们的学习积极性。例如，通过组织大学生进行小组讨论和演讲，教师可以促进大学生思想的碰撞和交流，帮助他们深入思考和理解马克思主义思想教育理论的核心内容。

2. 系统全面的教学内容

思想教育理论课之所以成为大学生思想教育的主要渠道，关键在于其系统全面的教学内容。这种全面性体现在课程设置、教学内容的深度和广度等方面，使大学生在这门课程中能够全面系统地掌握马克思主义思想教育理论，从而形成正确的世界观、人生观、价值观，并掌握科学地认识世界和改造世界的方法。第一，思想教育理论课的全面性体现在课程设置上。这门课程通常包括马克思主义基本原理、社会主义核心价值观、中国特色社会主义理论体系等内容。通过对这些内容的系统学习和掌握，大学生可以深入了解马克思主义的核心思想和中国特色社会主义的基本原则。这门课程为其提供了丰富的思想资源和理论支撑。第二，思想教育理论课的全面性还体现在教学内容的深度和广度上。在这门课程中，大学生不仅能够学习到马克思主义思想的基本原理和方法论，还能够了解到社会主义核心价值观的内涵和实践要求，以及中国特色社会主义理论体系的形成和发展。通过对这些内容的深入研究和探讨，大学生可以逐步建立起对社会主义核心价值观和中国特色社会主义的深刻认识。

在实际教学中，可以通过引导大学生进行案例分析、讨论互动等方式，深入挖掘教学内容的内涵，促进大学生的思想深度和广度的提升。例如，可以组织大学生就当前社会热点问题展开讨论，引导他们运用所学的理论知识分析问题和解决问题，从而加深他们对教学内容的理解和应用能力。

3. 有组织性、有目的性的教育方式

思想教育理论课的特点之一是其教育方式的有组织性、有目的性。这种有组织性、有目的性的教育方式为大学生提供了系统的、有针对性的思想教育，相比其他途径更为稳定和可靠。第一，思想教育理论课的有组织性体现在课程设置和教学组织上。高等学校会针对该课程进行严格的教学计划和安排，确保每位大学生都能够按时接收到相关的教育内容。教师通常会根据课程大纲和教学要求，组织教学活动，设计教学内容，以保证教学的有序进行。通过有组织的教学安排，大学生能够在规定的时间内全面系统地学习马克思主义思想教育理论，确保了教育效果的可控性和稳定性。第二，思想教育理论课的有目的性体现在教学目标和教学内容的设定上。在课程设置和教学安排过程中，教师通常会明确地制定教学目标，并根据大学生的实际情况和学习需求设计相应的教学内容。这些教学目标往往是与马克思主义思想教育理论的核心内容和大学生的思想发展需求密切相关的，旨在帮助大学生树立正确的世界观、人生观、价值观，提高他们的思想素养和道德修养。通过有目的的教学设置，教师能够有针对性地引导大学生进行思想教育，达到预期的教育效果。第三，思想教育理论课的有组织性、有目的性体现在教学方法和手段上。教师通常会采用多种教学方法，如讲授、讨论、案例分析、互动交流等，结合实际情况和教学目标，灵活运用不同的教学手段，以激发大学生的学习兴趣，提高教学效果。通过有组织性、有目的性的教育方式，教师能够更好地引导大学生深入学习思想教育理论，提高他们的思想政治素质和综合素养。

（二）思想教育理论课的历史地位

党和国家一直把思想教育理论课作为大学生思想教育的主渠道。从中华人民共和国成立以来大学生思想教育理论课的发展历程来看，思想教育理论课经历了多次调整和完善，形成了不同历史时期、不同风格特点的课程体系和教学体系。考察中华人民共和国成立以来大学生思想教育理论课的变化，我们会发现尽管每个时期其表征各不相同，但总包含着一些值得深究的规律性认识。

1. 秉承价值导向的思想教育理论课

思想教育理论课作为大学生思想教育的主渠道，在历史发展中始终秉持价值导向的理念。这一导向以树立正确的世界观、人生观、价值观为核心，旨在引导大学生树立正确的社会主义观念。中华人民共和国成立初期，思想教育理论课便强调马克思主义的科学世界观和方法论，并以此塑造大学生的社会主义理想和信念。随着时代的变迁，这些核心价值观可能会有所调整。例如，改革开放以来，思想教育理论课逐渐注重培养大学生的创新精神和社会责任感，以适应当代社会的发展需求。

2. 理论更新与思想教育理论课的发展

思想教育理论课的理论更新是其发展的重要动力。随着中国特色社会主义理论体系的不断完善和发展，思想教育理论课也在不断调整和更新其教学内容。这种更新不仅是对马克思主义理论的传承和发展，还是对中国特色社会主义建设和发展的理论反思和指导。例如，近年来，思想教育理论课注重体现新时代中国特色社会主义思想，以引领大学生深刻认识当今时代的重大理论和实践问题。

3. 紧密联系实际的思想教育理论课

思想教育理论课始终强调理论联系实际的教学理念。这种紧密联系实际的教学理念使思想教育理论课始终保持着强大的生命力。无论是在社会主义建设初期还是在改革开放后期，思想教育理论课始终关注大学生的实际需求和社会发展的现实问题，努力回答大学生关心的重大理论和实践问题。例如，在改革开放初期，思想教育理论课注重引导大学生正确认识改革开放的历史背景和意义，深入理解社会主义市场经济的本质和特点。

4. 教师队伍建设与思想教育理论课的提升

思想教育理论课的教学效果与教师队伍的素质密切相关。党和国家一直重视思想教育理论课教师队伍的建设，注重培养一支教育素质与业务素质强的教师队伍。教师队伍建设不仅包括教师理论功底的提高和教学能力的提升，还包括教师道德素质和社会责任感的培养。只有建立一支高素质的教师队伍，才能够保障思想教育理论课具有高质量的教学和教育效果。

5. 学科建设与思想教育理论课的发展

推进思想教育理论课的可持续发展，需要加强学科建设。党和国家一直注重思想教育理论课的学科建设，鼓励教师积极开展马克思主义理论体系的综合研究，推动思想教育学科的建设和发展。高等学校通过开展学科研究和学科建设，不断提升思想教育理论课的学术水平和教学质量，为思想教育理论课的可持续发展奠定坚实的基础。

（三）通过多元途径促进大学生思想教育

在大学生思想教育过程中，除了要发挥思想教育理论课的主渠道作用，还要充分发挥哲学、社会科学课程的育人作用，开展卓有成效的形势政策教育。

1. 哲学、社会科学课程的育人作用

哲学、社会科学课程在大学生思想教育中扮演着重要的角色。这些课程涵盖了广泛的内容，从哲学、逻辑学到社会学、政治学等，都对大学生的思想观念、道德修养和社会责任感产生了深远影响。首先，通过哲学、社会科学课程，大学生可以接触到马克思主义中国化的最新理论成果，有助于大学生深入理解中国特色社会主义理论体系的内涵和核心价值。其次，这些课程能够为大学生提供科学的理论指导和优秀的文化资源，帮助他们建立正确的世界观、人生观、价值观。例如，在哲学课程中，大学生可以学习到马克思主义的辩证唯物主义和历史唯物主义，从而树立起正确的社会观和历史观。在政治学课程中，大学生可以了解中国特色社会主义制度的优越性，增强对中国共产党领导和社会主义事业的信心和认同。

2. 形势政策教育的开展

形势政策教育是大学生思想教育的重要组成部分，也是多元途径教育的一种重要方式。形势政策教育通过关注国际国内形势的变化和大学生关注的热点、难点问题，引导大学生正确理解和分析时事政策，提高他们的政治敏锐性和理论水平。

首先，形势政策教育要密切结合大学生的实际需求和社会发展的实际情况，制订详细的教育计划和教学方案，确保教育内容的科学性和实效性。其次，要定期举办报告会等，为大学生提供了解国家政策、社会热点和国际形势的机会，

激发他们的思维和参与热情。这种结合实际的形势政策教育可以帮助大学生更好地理解国家政策，更好地理解国际关系等，进而有助于增强他们的爱国主义情感，开阔国际视野。

二、日常教育的有效配合

（一）日常思想教育潜移默化地影响大学生的成长

开展思想教育理论课程是大学生接受思想教育的主渠道。日常思想教育渗透在大学生平时的学习与生活之中，对大学生的健康成长起着潜移默化的作用。我们党十分重视大学生的日常思想教育，不断探索大学生日常思想教育的方式和载体。

1. 深入开展社会实践活动

深入开展社会实践活动对大学生的思想教育和全面发展起着重要作用。这一活动形式既是理论与实践相结合的有力工具，也是培养大学生创新精神、实践能力和社会责任感的有效途径。在大学生社会实践活动中，精心组织各种形式的实践活动，如军事训练、社会调查、生产劳动、志愿服务、公益活动、科技发明、勤工助学和专业实践等，可以有效地引导大学生投入社会实践，从而使他们拓宽视野、增长见识、锤炼意志、提高能力。

第一，社会实践活动为大学生提供了一个与社会接触的平台。通过参与各种实践活动，大学生可以走出校园，亲身体验社会生活，了解社会运行规律，感受社会风情，增强社会责任感和使命感。例如，参与志愿服务活动的大学生可以深入社区、农村，关心弱势群体，传递温暖，促进社会和谐；参与科技发明和创新创业活动的大学生可以锻炼创新意识、实践能力，培养解决问题的能力和团队合作精神。

第二，社会实践活动有助于激发大学生的学习兴趣和动力。通过参与具有挑战性和实践性的活动，大学生可以感受到知识的实用性和重要性，从而增强学习的兴趣和动力。例如，参与生产劳动的大学生可以将课堂所学知识运用到生产实际中，体会到知识的价值和意义，从而更加主动地投入学习。

第三，社会实践活动是培养大学生创新精神和实践能力的有效途径。在实践活动中，大学生需要面对各种复杂的情境和问题，需要运用所学知识解决实际问题，需要不断尝试和创新。通过这样的实践过程，可以培养大学生解决问题的能力、创新思维和团队合作精神，提高其综合素质。

2. 大力加强校园文化建设

大力加强校园文化建设是提升大学生思想教育质量、使大学生全面发展的重要途径。通过健全体制机制、规范规章制度，高等学校能够加强教师职业道德的培养，提高大学生的学习能力和管理能力，从而提高校园内教风、学风的整体水平。这些举措不仅有助于塑造文明健康的校园氛围，还为大学生提供了良好的学习和成长环境。

校园文化建设的关键在于开展丰富多彩的校园文化活动。通过开展各种类型的活动，如思想教育类活动、学术活动、科技活动、艺术活动、体育活动、娱乐活动、社会实践活动等，高等学校可以激发大学生的学习热情、创造力和社会责任感。例如，举办学术讲座、科技竞赛、文艺演出、体育比赛等活动，可以丰富大学生的课余生活，拓宽其视野，提高其综合素质。

另外，校园文化建设需要重视环境设施建设。增加经费，改善高等学校的环境设施，包括整齐洁净的居住环境、现代化的教学设施和科研设备，以便为大学生提供更好的学习和生活环境。此外，通过广播台、学校电视台、宣传橱窗、电子公告牌、校园网等平台和载体，可以有效传播校园文化，引导大学生掌握正确的思想观念和行为规范。

最重要的是，校园文化建设需要注重内容与形式的丰富多样。将人文素质教育与科学精神教育相结合，打造具有个性化、多元化的校园文化氛围，有利于激发大学生的创新潜能，促进其全面发展。例如，开展丰富多彩的文化节目、艺术展览、学术讲座等活动，营造浓厚的学术氛围和艺术氛围，可以培养大学生的审美情趣和人文素养。

3. 积极开展心理健康教育

积极开展心理健康教育有助于大学生更好地应对心理问题和压力，提高其心理素质和心理健康水平。在这一过程中，建立有效的大学生心理咨询辅导机制尤为重要。这一机制可以通过多种形式来实现，包括个别咨询、团体咨询、电话咨询、网络咨询和书信咨询等。通过这些形式，高等学校可以给大学生提供及时有效的帮助，帮助大学生解决心理障碍和困扰。

同时，组织建立大学生社团、创办大学生刊物等活动是推动大学生心理健康教育的重要途径。这些社团和刊物可以成为大学生交流心理健康知识和经验的平台，有助于加深大学生对心理健康的认识和理解。通过开展会员培训、专家讲座、宣传栏、心理测验等活动，高等学校可以营造提高大学生心理素质和心理健康水平的良好氛围。此外，建立一支以专业教师为骨干、兼职教师为补充，专业互补、素质较高的心理健康教育队伍也是至关重要的。这样的队伍可以为大学生提供高质量的心理健康教育服务，为大学生提供更加全面的支持和帮助，从而有效推动大学生心理健康教育活动的开展。

4. 加强网络思想教育

加强网络思想教育需要着重加强网络基础设施建设和网络阵地建设，推动网络思想教育的蓬勃发展。高等学校应当增加经费投入，创建"校园信息网"，并加强网络硬件建设，确保校园网络的完备性和稳定性。同时，各高等学校应积极建立具有影响力和特色的网站，不断丰富网络思想教育的手段和形式。

在网络思想教育中，充分发挥网络舆论引导的作用至关重要。高等学校应牢牢把握网络思想教育的主动权，通过网络舆论的引导，有效传播正能量，引导大学生树立正确的理想信念。同时，高等学校需要加强网络思想教育队伍的建设，培养一批网络思想教育的骨干力量，有力地推动网络思想教育的开展和深化。

5. 切实解决大学生的实际问题

为解决大学生的实际问题，社会和高等学校要持续加强对经济困难大学生的资助工作，逐步形成了以政府投入为主、多方筹措资金、完善资助政策和措施的大学生资助工作体系。社会和高等学校通过设立助学金、奖学金、勤工助学金、特殊困难补助等资助项目，开展"绿色通道"计划，有效支持经济困难大学生顺利完成学业。此外，建立健全大学生就业指导机构和就业信息服务系统，积极推进大学生就业工作，也是解决大学生实际问题的重要举措。社会和高等学校应通过提供就业指导、发布招聘信息等服务，为大学生就业提供有力支持，帮助他们顺利实现就业目标。同时，社会和高等学校应充分利用学校的各种媒体，包括广播、电视、校园网络、报刊等，培养大学生的自我教育能力。

社会和高等学校应通过提供丰富的信息资源和教育内容，帮助大学生获取知识、拓宽视野，增强其自我教育的意识和能力。

（二）深入探索日常思想教育长效机制

虽然日常思想教育是大学生思想教育的重要组成部分，但在相当长的时期内对日常思想教育的重视和研究不够，尤其是日常思想教育长效机制的缺乏，使大学生思想教育的实效性受到了直接影响。这告诉我们，深入探索和科学建构大学生日常思想教育的长效机制是必要的，它能够为加强和改进大学生日常思想教育，增强大学生日常思想教育的实效性提供支撑。对此，从内在规律角度看主要是处理好以下三个层面的关系。

1. 把握好日常思想教育与思想教育理论课之间的关系

思想教育理论课旨在帮助大学生树立正确的世界观、人生观和价值观，主要体现为以马克思主义中国化为基本内容开展课堂教育。与思想教育理论课相比，以党团活动、社团活动、科技活动、体育活动、校园文化、社会实践等多样化的形式体现出来的大学生日常思想教育，是促进大学生成长成才及满足其丰富需求的有效途径。将日常思想教育和思想教育理论课相结合是日常思想教育长效机制构建的基本路径。大学生日常思想教育长效机制的构建可以借鉴课堂教学的丰富经验，如实行专职辅导员准入制度，加强课堂教学与日常思想教育的相关载体建设，同时在实践领域有效协调日常思想教育与思想教育理论课之间的关系，共同组织开展大学生社会实践活动。

2. 把握好校外与校内日常思想教育之间的关系

学术讲座、学生社团活动、社会实践活动、党团活动、心理健康与咨询、网络交流等是大学生日常思想教育的主要形式，内容上涉及大学生成长成才的多个层次，时空上覆盖校内、校外多个领域。校内日常思想教育是社会需求对大学生在特定时空的内在要求，校外日常思想教育则是大学生主体性需求最终得到满足的必然结果。因此，只有着眼于校内与校外的有机结合才能有效构建大学生日常思想教育的长效机制。例如，建立信息共享和舆情分析机制，以发现大学生日常思想教育中的问题并及时进行沟通、分析和研究，找出解决对策；建立资源共享机制，高等学校可以经常邀请校外的社会力量，如党政官员、企业高管、杰出校友等参与大学生日常思想教育，以开拓大学生的社会视野；建立校内外定期磋商机制，校内相关部门与校外相关单位就日常思想教育中的突出问题进行有针对性的研究和磋商，以增强高等学校的应急反应和管理能力。

3. 把握好大学生日常思想教育与日常管理和服务之间的关系

中共中央、国务院发出的《关于进一步加强和改进大学生思想政治教育的意见》指出，加强和改进大学生政治思想教育的基本原则之一是坚持教育与管理相结合。《普通高等学校辅导员队伍建设规定》明确指出，辅导员是开展大学生思想教育的骨干力量；辅导员要服务于学生，把握学生成长规律，不断提高学生思想水平、政治觉悟、道德品质、文化素养。

目前，重管理服务、轻教育引导的现象在大学生日常思想教育中比较常见，这主要是因为有的高等学校对大学生日常思想教育的定位不够科学，常常以服务和管理取代大学生思想教育，从而使日常思想教育中"教育"缺位或错位。因此，只有处理好日常的教育与管理、服务的关系才能有效构建大学生日常思想教育的长效机制。只有真正把日常思想教育寓于大学生日常的管理和服务之中，才能把思想教育落到实处，发挥大学生日常思想教育对课堂教学的重要辅助作用。

第三节　切实加强大学生思想教育队伍建设

思想教育队伍是加强大学生思想教育的组织保证。实践证明，建立一支强大的思想教育工作队伍是做好大学生思想教育工作的关键。在思想教育队伍的建设过程中，必须高度重视队伍的综合素质和整体结构，坚持走专业化、职业化发展之路。

一、队伍建设的意义

大学生思想教育事关党和社会主义事业兴衰成败的大局，我们必须以强有力的组织来保障大学生思想教育的顺利开展。思想教育工作队伍是加强大学生思想教育的组织保证。大学生思想教育工作的任务归根结底要靠思想教育工作者来落实和完成，没有思想教育工作者的努力，大学生思想教育的任务、方针就不可能得到正确的贯彻与执行。

思想教育队伍掌握着大学生思想教育的指导权、主动权、话语权，是开展大学生思想教育工作的主导力量。因此，思想教育队伍在大学生思想教育工作中有着不可替代的地位和作用，是保证学校坚持社会主义办学方向，全面贯彻党的教育方针，培养德智体美劳全面发展的社会主义事业建设者和接班人的一支不可缺少的重要力量，是大学教师和管理队伍的重要组成部分。

（一）加强大学生思想教育队伍建设是高等学校坚持社会主义办学方向的保证

在社会主义国家的高等教育体系中，高等学校不仅是知识的传授者，更是培养社会主义事业接班人的摇篮，承载着党和国家的期望与使命。因此，高等学校必须牢固树立社会主义办学方向，将马克思主义的思想理论贯穿于教育教学实践。在这一进程中，大学生思想教育队伍扮演着至关重要的角色，他们是高等学校社会主义办学方向的有力支撑和保障。

第一，大学生思想教育队伍需要具备坚定的政治立场和思想品德。高等学校的教师和教育工作者必须牢记党和国家的方针政策，自觉践行社会主义核心价值观。例如，在高等学校中，思想政治理论课教师要求政治立场坚定、思想品德高尚，以确保他们在教学中能够正确引导大学生，坚定大学生的社会主义信念。

第二，大学生思想教育队伍需要具备丰富的教育经验和专业知识。他们应该具备深厚的马克思主义理论功底，熟悉教育教学的理论和方法，能够灵活运用各种教学手段和资源，为大学生提供高质量的思想教育。

第三，大学生思想教育队伍的建设需要注重教师队伍的多样性和专业化。他们应该具备不同领域的专业知识和技能，能够针对不同大学生群体的需求进行差异化的思想教育工作。

（二）加强大学生思想教育队伍建设是全面贯彻党的教育方针的客观要求

加强大学生思想教育队伍建设是全面贯彻党的教育方针的客观要求，因为党的教育方针的核心目标是培养中国特色社会主义的建设者和接班人。这一目标的实现离不开大学生思想道德素质、科学文化素质和健康素质的全面发展，而思想教育队伍的建设直接关系到这一目标的实现。

第一，大学生思想教育队伍必须具备党的核心价值观的引领能力。作为思想教育的主要实施者，思想教育队伍的成员必须坚定信仰，深入学习和理解党的核心价值观，自觉践行社会主义核心价值观，以身作则，引导大学生树立正确的思想道德观念和行为准则。例如，在我国的高等学校中，思想政治理论课教师在教学中不仅传授理论知识，更重要的是注重培养大学生的思想道德素质，引导他们树立正确的人生观、价值观。

第二，大学生思想教育队伍必须具备丰富的教育经验和专业知识。他们应该具备深厚的马克思主义理论功底，熟悉教育教学的理论和方法，能够运用科学的教育手段和资源，为大学生提供高质量的思想教育。

第三，大学生思想教育队伍必须具备适应时代发展和大学生需求的能力。他们应该紧跟时代步伐，关注大学生的思想动态和心理变化，灵活运用新媒体和新技术，开展多样的、富有创新性的思想教育活动，为大学生提供个性化、全方位的思想教育服务。例如，在信息化时代，一些高等学校通过建设校园网络平台，为大学生提供便捷的思想教育学习途径，增强了思想教育的针对性和实效性。

（三）指引大学生成长是大学生思想教育队伍的使命

指引大学生成长是大学生思想教育队伍的使命，这一使命体现了大学生思想教育的重要性和深远意义。大学生思想教育队伍不仅是学校教师队伍的重要组成部分，还是大学生健康成长的指导者和引路人，他们肩负着教育、管理、培养大学生的重要使命，对于社会主义事业的进步具有重要意义。

第一，大学生思想教育队伍的使命体现为帮助大学生树立正确的思想观念和人生观。随着社会的发展和变革，大学生面临着来自各方面的信息冲击和思想困惑，他们需要思想教育队伍的引导和指导，帮助他们建立正确的世界观、人生观和价值观。例如，大学生思想教育工作者可以通过开展主题教育活动、心理辅导服务等形式，引导大学生正确对待挫折和困难，树立积极向上的人生态度。第二，思想教育队伍的使命体现为解决大学生在成长过程中遇到的各种具体问题。大学生在学习、生活、就业等方面会面临各种挑战和困难，如学业压力、人际关系、职业规划等。大学生思想教育队伍需要关注大学生的成长需求，提供及时的指导和帮助。例如，大学生思想教育工作者可以通过开展就业指导和心理咨询服务，帮助大学生解决就业困难和心理问题，促进他们的健康成长。第三，大学生思想教育队伍的使命体现为培养大学生的社会责任感和公民意识。作为社会主义建设者和接班人，大学生应当具备良好的社会道德素养和公民意识，为社会发展和进步做出积极贡献。大学生思想教育队伍需要开展志愿服务、社会实践等活动，引导大学生树立正确的社会观念和价值取向。例如，大学生思想教育工作者可以组织大学生参与社区服务、环保活动等，培养他们的社会责任感和团队合作精神，促使他们成为社会主义建设的积极参与者。

总体上讲，我们党比较重视大学生思想教育队伍建设工作，将其作为一个重要战略任务来抓，重视大学生思想教育工作者的选拔和培养，不断促进其年轻化、正规化、专业化、职业化，着力营造有利于优秀大学生思想教育工作者大量涌现、健康成长、合理流动及充分发挥作用的良好氛围，塑造工作有条件、干事有平台、发展有空间的优越环境，充分调动大学生思想教育工作者的积极性和创造性。

二、队伍建设的要求

大学生思想教育队伍是大学生思想教育工作的中流砥柱。大学生思想教育者的思想教育素质和业务素质直接决定着教育工作的成效。在队伍建设过程中，必须紧扣教育强、业务精、纪律严、作风正的要求，着力构建结构合理、专业化、职业化的队伍体系。从历史实践和现实需求出发，我们应深刻认识到，只有确保队伍的高素质和专业化程度，才能更好地引领大学生的思想，促进大学生全面发展。

队伍建设的首要任务是选拔和培养思想教育队伍中的优秀人才。历史经验表明，队伍的素质高低直接影响着思想教育工作的质量。因此，高等学校必须坚持选拔标准，确保入队人员具备正确的政治立场和丰富的思想教育理论知识。

此外，队伍的整体结构也至关重要。一个结构合理、多元化的队伍能够更好地适应不同大学生群体的需求，发挥出更强的组织协调能力。因此，在队伍建设中，思想教育工作者必须充分考虑大学生群体的角色结构、年龄结构、知识结构、能力结构和性格结构等因素，建立一个能够有效协同合作、协调运作的队伍。例如，在处理大学生在社会主义市场经济背景下面临的困惑和挑战时，队伍中应该有不同年龄层次、不同专业背景的成员，以更好地理解和解决大学生的问题。

进一步来说，队伍的专业化发展是必然趋势。大学生思想教育工作者需要具备一定的专业知识和技能，只有专业化的队伍才能更好地胜任这项工作。随着社会主义市场经济的发展和对外开放的深入，大学生的思想活动更加多样化，因此，需要建立一支专业化的思想教育队伍，以应对这种多元化的思想需求。例如，在指导大学生处理职业选择、人生规划等问题时，队伍中需要有经济学、心理学等专业背景的成员，以提供专业的指导和帮助。

随着时代的发展，队伍建设应朝着职业化的方向发展。长期以来，我们在思想教育队伍建设上取得了一定成就，但也存在一些问题，如人员流失、队伍稳定性不够等。这些问题的根本原因在于思想教育工作者的待遇欠佳，保障不充分，导致一些优秀人才的流失，队伍的稳定性受到影响。因此，高等学校必须采取切实有效的措施，使思想教育工作成为受人羡慕的职业，吸引更多的优秀人才从事这一领域的工作。例如，加大对思想教育工作者的培训和激励力度，提高其社会地位和待遇，为其提供更广阔的职业发展空间，以增强队伍的凝聚力和战斗力。

第四章
大学生思想教育工作面临的问题与应对措施

第一节　新媒体时代大学生思想教育工作环境的新特点

一、普泛化与开放性

高等学校完备的互联网基础设施以及个人电脑、平板电脑和智能手机的普及应用，使大学生群体与新媒体的联系日益紧密。这种联系不仅是技术上带来的便利，更是对现实物理世界和网络虚拟世界边界的消解，导致大学生群体对新媒体的高度依赖性。在这种情况下，"身在校园心在网"已经成为对大学生群体的生动描述，同时凸显了大学生思想教育工作面临的挑战。首先，互联网的普及和新媒体的快速发展为大学生提供了丰富多样的信息资源和学习平台。通过互联网，大学生可以轻松获取来自世界各地的知识和信息，既拓宽了视野，又增长了见识。例如，大学生可以通过在线课程学习国外名校的优质课程，通过网络图书馆阅读各种学术期刊和文献，从而提升自己的学术水平和综合素质。其次，新媒体的广泛应用改变了大学生的学习和交流方式。传统的面对面交流和课堂教学逐渐被在线讨论、网络课程等新形式所取代。大学生可以通过网络社交平台建立学习小组，参与在线讨论，共同探讨学习问题，拓展思维，交流见解。例如，通过微信群或论坛，大学生可以与同学、老师进行即时交流，分享学习心得，解决问题，形成良好的学习氛围。

互联网和新媒体的普及也带来了一些负面影响，如信息泛滥、信息真实性难以保障等。大学生在浩瀚的网络世界中往往难以辨别信息的真伪，他们的思想观念和行为习惯容易受到不良信息的影响。因此，大学生思想教育工作面临着如何引导大学生正确使用新媒体、辨别信息真伪、提升信息素养的重要挑战。针对这一挑战，大学生思想教育工作需要从以下几个方面着手：首先，加强大学生的信息素养教育，培养大学生辨别信息真伪、理性思考的能力。例如，开设相关课程或组织专题讲座，教授大学生信息搜索、评估、利用的方法和技巧，提高他们的信息处理能力。其次，建立健全的网络舆论引导机制，引导大学生形成正确的网络言论风格和行为规范。高等学校可以通过建立网络舆论监督小组或网络舆情监测中心，及时发现和引导大学生网络言论中的不良行为，保障网络空间的健康发展。最后，加强对大学生的心理健康教育，增强他们应对网络负面影响的能力。高等学校可以开展心理健康教育活动，为大学生提供心理咨询和支持服务，帮助他们建立积极的心态，应对网络信息带来的心理压力和困扰。

二、时效性和交互性

（一）互联网时代的信息获取与传播

随着互联网应用技术的飞速发展，大学生群体通过网络工具实现了对信息的便捷获取和快速传播。功能强大的网络搜索引擎、社交平台和即时通信工具消除了时间和空间的限制，使大学生可以轻松获取海量信息，并与世界各地的人建立联系。尤其是随着微博等自媒体的出现，大学生可以成为信息制造者和传播者。例如，一个大学生在微博上发布一条信息，可以迅速传播到全国各地甚至全球，受众也会迅速对信息进行反馈和二次传播。这种信息的传播性和互动性，加速了信息的流动和交流，使大学生更容易获取多样化的观点和信息。

（二）新媒体对大学生思想教育的影响

新媒体的普及提升了大学生的信息获取密度，也为他们带来了挑战。大学生在网络中面对的信息庞杂，良莠不齐。还处于人生观、价值观形成阶段的大学生很容易受到错误信息的干扰。例如，一些不实信息、虚假新闻可能会误导大学生的判断，导致其形成片面或错误的观点。另外，一些不良信息可能对大学生的心理健康产生负面影响。因此，大学生思想教育需要重视新媒体对大学生的影响，引导他们正确理性地对待网络信息，增强其辨别信息真伪的能力，提高其信息素养。

三、平民化和个性化

新媒体的平民化和个性化特点使每个大学生都可以成为信息的生产者和传播者，拥有自己的网络平台和虚拟舞台。与传统媒体相比，新媒体的进入门槛低，操作简单，个人用户可以轻松创建博客、播客、微博等账号，表达自己的观点和情感。这种平民化的特点让大学生可以自由地在一些个性化的交流平台上表达个性、发挥创意。例如，大学生可以通过自己的微博账号发表对社会事件的看法，上传自己创作的视频或音频内容到网络平台，与其他用户进行互动和交流。这种个性化的表达方式不仅丰富了网络内容，也增强了大学生群体的凝聚力和自我认同感。

第二节　新媒体时代大学生思想教育工作面临的新挑战

大学生思想教育工作是一项高度复杂的系统性工作，其中任何一个环节如果发生大的改变，都必然会引发整个系统的失调。上述大学生思想教育工作环境的新变化、新特点，同样给大学生思想教育工作带来了诸多新挑战。

一、海量信息造成选择的干扰

（一）信息"爆炸"对大学生的影响

随着新媒体的快速发展，信息"爆炸"已成为当今社会的一个显著特征，对大学生的思想教育产生了重要影响。海量的信息涌入大学生的视野，虽然开阔了他们的眼界，但也带来了信息过载的问题。当面对大量信息时，大学生往往无法有效地进行筛选和分辨，导致他们思想观念的混乱和模糊。例如，大学生在浏览社交媒体时，可能同时接触政治、经济、文化、娱乐等各个领域的信息，而这些信息往往良莠不齐。大学生可能会因为信息过载而感到困惑和焦虑，不知道如何选择和处理这些信息，导致思想教育的目的无法达到。

（二）信息污染对大学生的挑战

信息污染也是影响大学生思想教育的重要因素。由于信息控制和过滤技术的滞后，许多不良信息经常混杂在正常信息流中，给大学生的思想和价值观带来了严重冲击。这些污染信息的存在影响了有用信息的清晰度和效用度，阻碍了大学生对真理和美好的追求。以网络视频为例，一些不良内容可能会在大学生观看视频时无意间出现，对其心理健康和道德观念造成负面影响。尤其是对于思想觉悟和鉴别能力较低的大学生来说，这些信息的诱惑和干扰，会影响其正确的价值观选择和思想成长。

二、不良媒体带来消极影响

（一）市场化进程与不良媒体的出现

随着我国市场化进程的不断推进，传媒行业正在经历着深刻的变革。过去，传统媒体的信息传播受到严格控制和监管。然而，随着市场经济的发展和社会的多元化，传统媒体的地位逐渐受到挑战，新兴媒体和个人媒体开始崭露头角。在这个过程中，一些媒体和个人开始利用新技术和新平台，以获取点击量和流量为目的，推广迎合受众口味的内容，从而谋求利益最大化。

互联网的出现使信息传播变得更加便捷和快速，人们可以随时随地获取各种信息。同时，互联网的开放性和自由度为不良媒体提供了广阔的生存空间。在互联网上，个人可以轻松地创建自己的媒体平台，发布各种内容，吸引受众。这种低门槛的创作和传播方式，使不良媒体的数量不断增加，内容也越发庸俗化和低俗化。

随着不良媒体的出现，其对社会和个人产生的负面影响日益凸显。首先，不良媒体的泛滥使公共舆论空间充斥着低俗等不良内容，严重影响了社会的文明程度和道德风尚。其次，不良媒体的大肆传播导致信息的过度碎片化和质量下降，使人们难以获取真实、客观的信息，影响了公众的理性判断能力和价值观。此外，不良媒体对青少年的成长产生了消极影响，导致一些青少年思想偏激、行为失范。

因此，面对市场化进程和不良媒体的出现，社会各界应该采取积极有效的措施加以应对。首先，政府应加强对传媒行业的监管，建立健全的法律法规，严厉打击不良媒体的违法行为。其次，媒体从业者应自觉提升职业道德和责任感，倡导健康、积极的媒体文化，为社会传播正能量。最后，公众应提高媒体素养，增强辨别不良媒体的能力，理性对待各种信息，从而有效地抵制不良媒体的影响，保护自身和社会的利益。

（二）不良媒体的消极影响分析

1. 削弱大学生思想教育的影响力

不良媒体所推广的庸俗、猎奇、虚假的内容严重损害了部分大学生的身心健康，使其思想受到负面影响。这些内容的传播不仅淡化了传统价值观念，还可能诱导大学生产生消极、极端的行为。

2. 加剧信息过载与焦虑

一些不良媒体的涌入导致信息过载，大学生在浏览网络时常常被海量信息淹没，无法有效筛选和辨别真假。在这种情况下，大学生易产生焦虑、困惑等负面情绪，影响其正常学习和生活。

三、"去中心化"影响大学生的价值选择和判断

在新媒体时代，随着信息传播的多元化和个性化趋势日益显著，大学生作为主要受众和参与者，面临着前所未有的挑战和机遇。新媒体的迅猛发展，特别是其"去中心化"的特点，对大学生的价值选择和判断产生了深远影响。

第一，新媒体的"去中心化"特点使信息传播的路径和形态发生了根本性的变化。在传统媒体时代，信息传播主要由少数权威媒体和机构掌控，信息的发布和传播受到较为严格的控制。然而，在新媒体时代，任何个体都可能成为信息的发布者和传播者，信息传播的中心不再固定，而是分散在广大的网络用户之中。这种"去中心化"的特点使大学生可以更加自由地参与信息传播的过

程，成为话语主体和信息主体，从而影响他们的思想观念和价值取向。

第二，大学生作为年轻人，往往具有好奇心强、求新求异的特点，喜欢追求时尚和刺激。然而，他们的分辨能力相对较弱，容易受到不实信息和误导性信息的影响。在新媒体时代，"去中心化"的信息传播形式导致信息的真实性和可信度难以保证，很多信息可能是人为制造的。由于缺乏足够的辨别能力，大学生可能会盲目追随这些误导性信息，从而导致思想观念的偏差和价值取向的混乱。

四、新媒体平台的开放性给大学生思想教育工作带来挑战

新媒体的出现打破了传统信息传播的格局，其"平民化"与"草根性"特点为信息传播提供了更加开放和民主的平台。在这样的背景下，使用者倾向于自主思考和独立判断。

第一，新媒体的"平民化"特点使信息传播不再受限于传统权威机构和媒体，任何人都可能成为信息的发布者和传播者。

第二，当代大学生更加倾向于相信自己的独立判断和思考能力，他们更加注重通过自己的观察和思考来形成自己的看法。新媒体为他们提供了一个广阔的交流平台，让他们可以更自由地表达自己的想法和观点，与他人进行互动和讨论，这给大学生思想教育工作带来一定挑战。

五、"超现实性"弱化了思想教育对大学生的道德约束功能

新媒体的传播方式带有虚拟特征，使现实生活世界和网络虚拟世界之间产生了截然不同的精神体验。在新媒体的虚拟世界中，大学生可以表达自己的想法和观点，而这种自由表达的背后往往隐藏着对社会道德约束的忽视。网络群体需求刺激和冒险猎奇的心理使一些人更愿意接受违反道德规范的言论和行为，而相关法律法规的不完善及网络监管的困难更加削弱了思想教育工作对大学生的道德约束功能。这使大学生容易沦为传播不良信息的主体，增加了思想教育工作的阻力。

第三节 新媒体时代大学生思想教育工作的新机遇

新媒体时代是移动互联网普及、云计算及大数据广泛应用的时代，因此必然也是新媒体更加发达、更加融入大学生学习与生活的时代。新媒体的出现、发展和其在教育领域的应用，无疑给大学生思想教育的内容、方式、环境等带来全新的变化，因此，新媒体时代虽充满危机，但更充满机遇，换言之，新媒体给高等学校开展思想教育工作带来严峻挑战的同时，为高等学校加强和改进思想教育工作带来了前所未有的机遇，提供了崭新的途径与方法。

一、新媒体使大学生思想教育更具实效性

新媒体的出现为大学生思想教育带来了新的可能性和机遇。随着互联网的普及和新媒体应用的发展，人们可以通过网络终端进行实时的交流和互动。这种交互式的沟通不仅吸引了人们的注意力，也改变了传统的教育模式，使大学生思想教育更加具有实效性。

在新媒体时代，每个人都能成为信息的传播者和接收者。通过网络，人们可以在思想交流的过程中主动参与，并选择接受正确的思想观点。相比传统的被动接受教育，这种主动参与的思想碰撞更有利于人们形成自己的独立思考能力和判断力。在网络世界中，教育者和被教育者是平等的，而人们的信服与否主要取决于其对价值取向和思想观点的认同程度。同时，新媒体的匿名性和隐私性为人们提供了一个真实表达自己思想的平台。在网络上，人们往往更加坦诚地表达自己的观点和情感，特别是在一些社会热点和难点问题上。通过收集、整理和分析这些真实的思想表达，教育者可以更加真实地了解大学生的思想情绪和关注焦点，从而有针对性地进行思想引导和教育解答。例如，当社会上出现一些具有广泛关注度的热点问题时，大学生往往会在网络上进行讨论和交流。教育者可以通过关注这些讨论，了解大学生的思想动态和观点倾向，然后有针对性地对大学生进行思想教育工作，解答疑惑，做好大学生思想引领工作。

二、新媒体使大学生思想教育的资源更加丰富

新媒体的出现为大学生思想教育提供了丰富的资源，这一点在各个方面都得到了体现。

首先，网络汇集了人类文明的精华，内容涵盖了各个领域，从历史、文学、艺术到科学、技术、经济等。这些内容丰富多样，且以图文并茂的形式呈现，大学生可以根据自己的兴趣和需要进行选择和浏览。例如，通过在线图书馆和数字博物馆，大学生可以方便地查找资料、搜索信息，阅读各种报刊，从而获取丰富的知识和信息。

其次，网络使大学生可以随时随地了解国内外各个领域的最新动态。这种即时性和全面性使大学生可以更加及时地了解世界的变化，拓宽视野，加深对世界的认识。

最后，网络还为大学生提供了一个与世界各地的人进行交流和互动的平台。通过社交媒体和在线论坛，大学生可以与来自不同国家和地区的人进行交流，分享彼此的见解和经验，从而加深彼此对其他国家文化的理解和尊重。这种跨文化交流有助于大学生更加全面地认识世界，培养开放包容的态度和国际视野，从而有利于大学生思想品德的形成和发展。

可见，网络等新媒体的发展使大学生思想教育的资源更加丰富。

三、新媒体使大学生思想教育更具有吸引力

新媒体的出现为大学生思想教育注入了更强的吸引力和感染力。

首先，以网络为代表的新媒体具有多样化的信息传播形式，能够将文本、图画、声音等信息集成于一体，创造出丰富多彩、生动活泼的教育情境。通过图文并茂、声情并茂的语境，受众可以更加轻松愉悦地感受教育的新鲜与乐趣，从而产生强烈的学习动力和求知欲望。例如，许多在线大学生思想教育平台通过视频、动画、音频等多媒体形式，将知识呈现得生动有趣，吸引大学生的关注和参与。

其次，新媒体运用虚拟现实技术，创造出身临其境的教育环境，使大学生可以在虚拟世界中获得身临其境的体验，从而使大学生思想教育更加具有感染力和吸引力。例如，一些虚拟实验室和虚拟博物馆利用虚拟现实技术，让大学

生在虚拟环境中进行实验和探索，增强了他们的学习体验和兴趣。

最后，新媒体使受众可以方便地获取大量信息，并且自由地进行思想交流和讨论。通过网络，大学生可以随时随地地获取各种知识和信息，与他人进行交流和互动，从而激发了求知欲和想象力。例如，各种在线大学生思想教育平台和网络论坛为大学生提供了丰富多样的学习资源和交流平台，使他们可以自由地获取知识、分享经验，从而提升了学习动力和学习效果。

四、新媒体可以提高大学生思想教育时效性

新媒体的兴起使大学生思想教育的时效性有了显著的提升。

首先，网络时效性的优势使信息能够在瞬间生成、传播。通过网络，大学生可以随时随地获取和传播信息。举例来说，在重大节庆活动或国家重要事件中，如国庆庆典、奥运会开幕式、学术会议等，新闻机构通过网络直播可以将盛况实时传送到世界各地的观众面前，使大学生能够第一时间了解现场情况，从而加深对事件的认知和理解。

其次，网络的迅速传播方式有利于及时传播健康、科学、正确的思想教育信息。通过新媒体平台，教育机构可以发布教育政策、教学资源、科普知识等信息，让广大学生能够及时了解最新的教育动态和学术成果。

最后，借助新媒体开设网络思想舆论阵地，进行广泛、及时的宣传教育，也是提高大学生思想教育时效性的重要手段。通过社交媒体、博客、在线论坛等平台，教育机构和教育工作者可以与大学生进行交流互动，及时了解大学生的需求和反馈，制定有针对性的教育策略和方案。例如，一些大学利用校园公众号或大学生论坛，组织线上讨论、主题活动，引导大学生思考和探讨重要社会议题，促进大学生的思想成长。

五、新媒体使大学生思想教育内容、手段更具多样性和灵活性

新媒体的兴起为大学生思想教育注入了新的活力，使大学生思想教育的内容和手段更加丰富、灵活。传统的大学生思想教育形式如读报纸、作报告、课堂讲课等，虽然具有一定的传统基础和稳定性，但在信息传播效率和参与度方面存在一定的局限性。然而，新媒体的广泛运用改变了这一局面，为大学生思想教育提供了更广阔的舞台和更丰富的资源。

首先，新媒体的运用大大提高了大学生思想教育信息的传播效率。通过网络等新媒体，思想教育工作者可以轻松获取大量的教育资源和信息。结合多媒体技术进行思想教育活动，可以提高信息传播的效率和质量。

其次，新媒体的多样性和灵活性为大学生思想教育提供了多元化的手段和方式。网络等新媒体传播信息的容量大、范围广、速度快，为思想教育工作者提供了丰富多样的传播渠道和工具。例如，通过社交媒体、博客、微信公众号等平台，思想教育工作者可以与大学生进行互动交流，分享教育资源和心得体会，促进思想交流。同时，多媒体技术的应用使大学生的学习过程更加生动有趣。例如，利用虚拟现实技术可以创建沉浸式的学习情境，让大学生身临其境，参与其中，提高学习的趣味性和参与度。

最后，新媒体的发展促进了大学生思想教育方法的创新和改进。通过运用现代科技成果和先进的传播手段，思想教育工作者可以不断探索和尝试新的教育方式和方法，提高工作效率和效果。例如，借助人工智能技术和大数据分析，可以个性化地为大学生提供教育服务，满足不同大学生的学习需求和兴趣特点，实现精准化教育和个性化指导。

第四节　新媒体时代大学生思想教育工作的创新路径

面对新媒体时代下大学生思想教育工作环境的新变化、新特点，以及由此带来的新挑战和新机遇，任何裹足不前、畏首畏尾或者掩耳盗铃、顽固不化的思想行为都是不可取的，都无益于大学生思想教育工作的有效开展。高等学校应坚持解放思想、实事求是、与时俱进和求真务实，通过不断创新大学生思想教育工作来解决面临的问题与挑战。

一、引入"议程设置"，坚持以社会主义核心价值体系引领网络舆情

新媒体的兴起在推动信息传播的同时带来了社会文化生态的多元化，这种多元化为各种错误思潮的蔓延提供了温床，对大学生的思想观念和价值观产生了深远的影响。在应对新媒体不断更新的技术形态的同时，高等学校思想教育

工作很容易陷入"技术崇拜"的误区，忽视对传播内容的关注与把控。因此，为了确保思想教育工作的有效开展，必须牢记"传播内容为王"的原则，并引入传媒学的"议程设置"理论，以社会主义核心价值体系引领网络舆情，引导大学生树立正确的世界观、人生观和价值观。

议程设置理论最早由美国传播学者麦克斯威尔·麦克姆斯和唐纳德·肖提出，其核心理念是通过媒介选择和强调来引导公众对特定议题的关注程度和认知优先级。这一理论强调传播媒介对于公众思考和关注的议题具有塑造作用，从而影响公众的价值取向和行为选择。在新媒体时代，思想教育工作者可以借鉴议程设置理论的观点，通过把握新媒体发展的规律和特点，实现思想教育工作的针对性和有效性。

在实践中，思想教育工作者应当积极参与网络舆情的引导和塑造，建立新媒体思想宣传阵地，以引导网络舆论、传播社会主义核心价值观为主要任务。例如，可以通过建立校园微博、微信公众号等平台，发布积极向上的、具有正能量的内容，弘扬社会主流价值观，引导大学生树立正确的人生观和价值观。此外，在选择新媒体传播内容时，应当注意吸引大学生参与，但更重要的是要以核心价值观为导向，主导舆论的选择和发展进程。例如，在面对一些热点话题时，可以引导大学生关注社会主义核心价值观所倡导的理念和价值取向，培养他们正确的道德观念和行为准则。与商业媒体不同，高等学校思想教育的议程设置不以经济利益或吸引眼球为目的，而以追求社会主流价值为目标。通过正确引导网络舆论，思想教育工作者可以帮助大学生理性认识和思考网络世界中的各种现象和问题，培养他们积极向上的人生态度和价值观，为他们的健康成长和社会发展做出积极贡献。

二、应用柔性管理，建立新媒体时代平等对话和有效沟通引导的良性互动机制

在新媒体时代，建立平等对话和有效沟通引导的良性互动机制至关重要。柔性管理作为一种现代管理方式，强调以人为核心，侧重人性化管理，与传统的刚性管理相比，更加注重对人的尊重和个性化需求的满足。在大学生思想教育工作中，应用柔性管理的理念，可以有效促进教育者与受教育者之间的平等

互动和有效沟通，推动思想教育工作的开展。

第一，树立"以学生为本"的教育理念是实施柔性管理的基础。在新媒体时代，思想教育工作者需要意识到大学生已经成为新媒体网络中平等的节点之一，他们有着自己的思想、诉求和观点。因此，教育者应该更加关注大学生的言行表现和思想倾向，积极参与校园网络社区，了解大学生关注的焦点和热议话题，及时开展网络舆情引导，以确保思想教育工作与大学生的实际需求相符。

第二，营造纵向民主氛围并实施隐性引导是推动平等对话和有效沟通的重要手段。教育者应该允许大学生发表不同观点，同时要善于接受和理解大学生的各种反馈和意见。在面对大学生通过新媒体进行的"吐槽"和"拍砖"时，教育者不应简单地"堵"，而是应该通过开放自己的博客、微博等平台与大学生进行真诚的对话与交流，加强师生之间的信任和理解。教育工作者应通过新媒体的开放、平等和自治的互动方式，实现隐蔽性的思想引领，促进思想教育工作的顺利开展。

第三，启用校园手机报可以有效传递最新的教育信息，提高思想教育工作的时效性和有效性。当前，手机已经成为校园内普及率最高的新媒体终端设备。通过校园手机报，教育工作者可以及时向大学生传递最新、最快的教育信息，为思想教育工作提供有力的支持和保障。通过手机报，教育工作者可以与大学生建立起更加直接、便捷的沟通渠道，及时了解大学生的需求和反馈，更加有效地引导和促进大学生的思想成长和发展。

三、提升能力素质，积极打造新媒体时代大学生思想教育工作的"专家型"队伍

在新媒体时代，要提升大学生思想教育工作者的能力素质，积极打造"专家型"队伍，需要采取多种措施，以适应新媒体环境下的挑战和需求。

第一，教育工作者需要具备扎实的理论功底。在新媒体时代，理论知识对于教育工作者来说至关重要。他们需要深入理解传播学、心理学、教育学等相关学科的理论，以更好地把握新媒体背后的原理和规律。只有了解信息传播的特点、网络舆情的形成机制、大学生心理健康的关键问题等，才能在实践中更加有效地引导大学生，提升其思想素质。

第二，教育工作者需要有敏锐的信息意识和掌握先进技术的手段。在新媒体时代，信息的爆炸性增长和技术的迅速更新，要求教育工作者不仅要保持对信息的敏感度，还要不断学习和掌握新的技术手段。例如，熟练掌握社交媒体平台的使用技巧，了解数字营销和内容创作的方法，以及掌握数据分析和挖掘的技能等，这些都是提高教育工作者在新媒体环境下的竞争力和影响力的重要手段。

第三，教育工作者需要具备较强的分析能力和一定的理论深度。在面对虚拟空间中海量的信息和复杂多变的舆情时，教育工作者需要具备较强的分析能力和一定的理论深度，以应对各种挑战和问题。例如，他们需要能够深入解读各类社会问题和事件，了解其中的根源和内在逻辑，以及对未来发展趋势的把握，这样才能在引导大学生时有针对性地提供帮助和指导。

第四，教育工作者需要不断提升自身的教育水平，了解国家政策。在新媒体时代，教育工作者不仅需要关注学科知识和技术手段的更新，还需要了解国家政策和学校管理制度的变化，以及社会文化和价值观念的演变，这样才能更好地指导大学生，帮助他们树立正确的世界观、人生观和价值观。

四、加强媒介素养教育，提升大学生自觉培养媒介素养的意识

在新媒体时代，大学生不再是被动接受信息的对象，而是需要具备自主选择、理性判断和有效运用新媒体的能力。因此，加强媒介素养教育，提升大学生自觉培养媒介素养的意识尤为重要。这需要思想教育工作者从多个方面着手，引导大学生建立正确的媒介素养观念，提高他们对新媒体信息的批判性思维和反应能力。

第一，媒介素养教育应当贯穿于校园生活的方方面面，实现"三进"——进宿舍、进教室、进课堂。在宿舍里，教育工作者可以组织相关活动或者提供相关资源，让大学生了解如何识别和评价新媒体信息的真实性和可信度；在教室里，可以通过课程设置或者专题讲座，系统地传授媒介素养知识，培养大学生的批判性思维和信息辨别能力；在课堂上，可以通过案例分析、角色扮演等形式，引导大学生思考新媒体对个人、社会及文化的影响，培养他们正确的价

值取向和媒介选择能力。

第二，媒介素养教育应注重培养大学生对负面信息的免疫能力。在信息爆炸时代，大学生往往会面临各种各样的负面信息，包括不实信息、谣言等。因此，教育工作者应当帮助大学生建立心理防线，提高他们对负面信息的识别能力和抵御能力，使他们能够在信息洪流中保持清醒和理性，不受负面信息的干扰和影响。

第三，媒介素养教育应鼓励大学生积极利用新媒体来帮助自身成长和进步。新媒体不仅是获取信息的渠道，更是自我表达和交流的平台，可以帮助大学生开阔视野、增长知识、提升能力。因此，教育工作者应当引导大学生主动参与到新媒体的运用中，发挥自己的专业特长和个人优势，为社会传递正能量，同时为自己的成长和发展积累经验。例如，某大学开设了媒介素养教育课程，通过将课堂教学与实践活动相结合的方式，帮助大学生掌握新媒体的基本知识和技能，培养他们的批判性思维和创造能力。

此外，学校还应建立媒介素养导师制度，由相关专业的教师担任导师，为大学生提供个性化的媒介素养培训和指导，帮助他们解决在新媒体时代面临的各种问题。

总之，在新媒体时代背景下，大学生思想教育工作既面临严峻的挑战，又有着良好的机遇，我们应善于利用新媒体的积极作用，防范其消极影响，积极运用"互联网＋"思维，努力建立政府、高等学校、家庭、学生个体"四位一体"的育人体系，整合全社会的力量，进一步扩大思想教育工作的影响力，为培养社会主义事业可靠的接班人和优秀的建设者做出贡献。

第五章
新媒体时代大学生思想教育的新模式

第一节　O2O 模式及其启发

一、O2O 模式介绍

O2O 模式，即线上交易、线下消费的商业模式，是互联网时代商业发展的重要形式之一。随着互联网技术的发展，人们生活方式的变革，以及消费者对便捷、个性化服务的需求不断增加，O2O 模式逐渐成为商业领域的热门话题。在互联网时代，信息传播和交易的便捷性成为商业发展的关键。传统的线下交易方式存在诸多限制，如地域限制、时间限制等，而 O2O 模式充分利用了互联网的跨地域、无边界、海量信息、海量用户等优势，将线上与线下有机结合，为消费者提供了更便捷、更个性化的消费体验。

二、O2O 模式的特点与优势

O2O 模式的核心特点是线上交易，线下消费，即在线上进行交易（在线支付、预订），而在线下享受商品和服务（实体店消费、到店体验），实现了线上线下的无缝连接。

（一）推广效果可查

1. 评估投入产出比

O2O 模式的推广效果可追踪，使商家能够清晰地了解自己所做的推广活动所带来的具体效果。通过收集和分析线上交易数据、用户行为等信息，商家可以准确评估推广活动的投入产出比，从而更科学地分配资源，提高营销效率。以电商平台为例，商家可以通过O2O模式追踪用户点击广告后的购买行为，了解每一笔交易的来源和转化路径，从而优化广告投放策略，提高广告效果。

2. 优化营销策略

有了可追踪的推广效果，商家可以及时发现和解决推广活动中的问题，进而优化营销策略。通过分析用户的点击量、转化率、购买率等数据，商家可以了解用户的偏好和行为习惯，精准定位目标用户，有针对性地调整推广内容和推广方式，提高推广效果。例如，某餐饮连锁品牌通过O2O模式追踪发现，在特定地区投放的线上优惠券广告效果不佳，于是及时调整广告内容和投放渠道，成功提高了广告点击量和转化率。

3. 实现精准营销

O2O模式的推广效果可追踪，为商家实现精准营销提供了基础。商家可以根据用户的地理位置、兴趣爱好、消费习惯等特征，精准定位目标用户，有针对性地推送个性化的营销信息，提高用户的购买意愿和满意度。例如，某线下零售店采用O2O模式，通过用户的线上行为和购买记录，精准推送符合用户兴趣和需求的优惠活动和商品信息，从而提高用户的购买频次和客单价。

4. 增强商家信心与投入意愿

有了可追踪的推广效果，商家能够清晰地了解自己的投入所带来的收益，增强了商家的信心和投入意愿。商家愿意加大对O2O模式的投入，因为他们相信自己的投入将会得到可量化的回报，从而促进了商业活动的持续发展。例如，某新兴品牌通过O2O模式追踪发现，在特定线上平台进行的新品促销活动取得了良好的效果，商家对该平台的投入意愿大增，愿意加大广告投放力度和合作频率。

（二）服务便捷，价格优惠

1. 便捷的购物体验

在O2O模式下，用户可以通过手机、计算机等终端随时随地进行购物，不再受到时间和空间的限制。这种便捷的购物体验大幅提升了用户的购物满意度和消费体验，为用户带来了更高的消费便利性。以电商平台为例，用户可以通过手机 App 在家中轻松浏览各种商品，选择心仪的产品并下单购买，不需要亲自前往实体店面，省去了排队、交通等时间成本，极大地提升了购物的便利性。

2. 及时获取折扣信息

O2O 模式为用户提供了一个更为开放和透明的消费环境，用户可以随时随地获取各种折扣信息，及时了解商家的优惠活动和促销信息，从而享受更多的价格优惠。在团购平台上，用户可以通过浏览 App 或网站查看各种商品和服务的折扣信息，了解商家的优惠活动，如餐厅的优惠套餐、美容院的护理项目等，从而有选择性地享受更多的实惠。

3. 提供更丰富的商家及服务信息

O2O 模式通过互联网的传播方式为用户提供了更为丰富、全面的商家及服务信息，用户可以通过搜索、浏览等方式轻松了解到各种商品和服务的详细信息，从而更加全面地进行选择和比较。在一些平台上，用户可以轻松查找到附近的餐厅、酒店等，并了解它们的服务项目、价格、评价等信息，拥有更多选择的机会。

4. 价格优惠带来的消费激励

O2O 模式下，商家为了吸引更多的用户下单，往往会提供更优惠的价格和更多的促销活动，这为用户带来了消费激励，促进了消费行为的发生和增加。在电商平台的"双十一""618"等大型促销活动中，商家往往会推出各种优惠券、满减活动、限时抢购等促销手段，吸引用户在活动期间大量消费，从而刺激用户的购买欲望。

（三）多元化发展

1. 拓宽发展方向

O2O 模式的出现不仅是对传统商业模式的一种变革，更是对电子商务发展方向的一次拓宽。传统的电商模式主要集中在线上购物和线下配送，而 O2O 模式将电子商务的发展方向从单一的线上交易拓展到了更多元化的线上服务和线下体验。这种多元化的发展方向为商家提供了更多的业务拓展可能性，同时为消费者提供了更多的消费选择。以某电商平台为例，其最初只是一个团购网站，但随着业务的发展，逐渐拓展到外卖、酒店预订、旅游服务等多个领域，形成了一个涵盖多种消费场景的综合性服务平台。这种多元化的发展方向为其提供了更多的盈利来源，也为用户提供了更多的消费选择。

2. 提供更多选择和便利

O2O 模式的多元化发展为用户提供了更多的选择和便利。传统的电商模式主要提供线上购物的功能，而 O2O 模式通过将线上交易与线下服务结合，为用户提供了更全面、更丰富的消费体验。用户不仅可以通过线上平台方便地浏览和购买商品，还可以享受到线下服务的便利和实体店的体验，从而满足了用户多样化的需求。以某电商平台为例，它不仅提供外卖订购的功能，还通过线上平台为用户提供更多的便利服务，如超市购物、药品配送等。这种多元化的发展为用户提供了更为全面的消费选择，满足用户的各种生活需求。

3. 促进商业生态的发展和完善

O2O 模式的多元化发展不仅为商家和用户带来了便利，也为商业生态的发展和完善做出了重要贡献。通过将线上交易与线下服务相结合，O2O 模式促进了商家之间的合作与联盟，形成了更加完善和健康的商业生态系统。商家可以通过联合营销、资源共享等方式实现互利共赢，共同推动整个产业链的发展和壮大。以某电商平台为例，其通过线上社交、团购等模式与线下农村合作社、供应商等合作，共同为消费者提供低价优质的商品，实现了线上线下资源的有效整合，促进了农村经济的发展和城乡消费的互通。

三、O2O 模式的应用及启示

（一）促进教育资源共享

教育资源共享是提升教育整体水平和公平性的重要途径之一。借鉴 O2O 模式，建立在线教育平台是实现教育资源共享的有效方式之一。通过这样的平台，可以将来自各地、各类教育机构的优质教育资源集中起来，为大学生提供更广泛、更优质的学习选择。例如，一些知名大学的在线课程通过这样的平台向全国各地的大学生开放，解决地域限制和资源匮乏的问题。同时，建立在线教育平台促进了教育资源的优化配置，避免了资源的重复建设和浪费。通过促进教育资源共享，可以实现教育资源的公平分配，让更多的大学生享受到优质教育资源，从而提升整个教育系统的水平和公平性。

（二）提升教育服务质量

O2O 模式的特点之一是线上线下相结合，这为教育服务质量的提升提供了新的思路。教育机构通过建立线上教育平台，提供在线咨询、课程预约等服务，为大学生提供更贴心、更便捷的服务体验。例如，大学生可以通过在线平台预约辅导时间、查询教学资料，实现个性化的学习指导。此外，线下实体课程体验也是提升教育服务质量的重要方式之一。通过在线下开设实体课程，教育机构可以为大学生提供更具互动性和体验性的教学环境，提升大学生的学习动力和兴趣。通过线上线下相结合的模式，教育机构可以为大学生提供更全面、更优质的教育服务，提升他们的满意度和忠诚度。

（三）创新教育管理模式

创新教育管理模式是适应时代发展需求的重要举措，其中借鉴 O2O 模式的数据统计和追踪功能是一种前瞻性的方法。通过这种模式，教育管理部门可以更加直观地了解大学生的需求和行为习惯，从而为教学管理提供科学依据和指导。这种方法不仅有助于提高教育管理的科学性和有效性，还能促进大学生的全面发展和成长。

第一，借鉴 O2O 模式的数据统计和追踪功能可以帮助教育管理部门了解大学生的学习需求和行为习惯。通过收集和分析大学生在线学习的数据，可以了解大学生的学习偏好、学习进度、知识点掌握情况等信息，从而及时发现学习中的问题和困难。例如，通过分析大学生在在线学习平台上的学习记录和行为轨迹，可以发现哪些知识点大学生普遍容易出错，哪些大学生倾向于选择何种学习方式等，从而为教育管理提供科学依据和指导。

第二，借鉴 O2O 模式的数据统计和追踪功能可以实现对大学生学习过程的实时监控。通过线上平台实现对大学生学习过程的实时监控，教育管理部门可以及时发现大学生的学习状态和学习情况，及时介入并帮助大学生解决学习中的问题和困难。例如，通过监控大学生在在线学习平台上的学习行为，可以发现大学生是否按时完成作业、是否积极参与讨论、是否存在违规行为等，并及时采取相应的教育措施。

通过创新教育管理模式，可以提高教育管理的科学性和有效性，促进大学生的全面发展和成长。例如，通过借鉴 O2O 模式的数据统计和追踪功能，教育管理部门可以更加精准地了解大学生的学习需求和行为习惯，并向他们提供个性化的学习指导，从而提高大学生的学习效果和学习动力。同时，可以通过实时监控大学生的学习过程，及时发现大学生的违规行为和学习上的困难，采取相应的教育措施，促进大学生的健康成长和全面发展。

（四）拓展教育市场

第一，线上教育平台提供的在线课程和直播讲座等服务是拓展教育市场的重要途径之一。随着互联网技术的不断发展，用户可以通过计算机、手机等随时随地接受教育培训，极大地方便了用户的需求。例如，某知名在线教育平台提供了各种各样的课程，涵盖了从学前教育到职业培训的各个领域，用户可以根据自己的兴趣和需求选择适合的课程进行学习。这种线上教育模式不受地域和时间的限制，可以吸引更多的用户参与教育活动，从而扩大教育市场的规模和范围。

第二，线下实体课程和教育培训也是拓展教育市场的重要途径。尽管线上教育发展迅速，但线下实体课程仍然具有独特的优势，尤其是在某些特定领域，如实验室实训、艺术表演等方面。例如，一些知名教育机构和培训机构通过举办线下课程、讲座和研讨会等活动，吸引大学生和专业人士参与，从而促进教育市场的繁荣和发展。此外，线下教育可以为大学生提供更多的社交机会和实践经验，增强学习的效果和体验。

除了线上、线下的教育产品和服务外，还可以通过创新的教育模式和技术手段拓展教育市场。例如，结合人工智能、大数据等前沿技术，开发个性化、智能化的教育产品和服务，为用户提供更加个性化、高效率的学习体验。同时，可以通过合作共赢的方式，打造教育产业生态圈，整合各方资源，实现优势互补，共同推动教育市场的发展。

第二节　当前大学生思想教育的态势及问题

尽管当前大学生思想教育线上线下协同育人的工作格局已经形成，也取得了不错的成效，但从总体上看，两者还存在一些不协调的问题，主要体现在以下三个方面。

1. 在教育观念、理念的理解上还存在一定的片面性

在大学生思想教育工作中，存在着对教育观念和理念理解的片面性，这种片面性表现在对线上思想教育和传统的线下思想教育的过分偏重或忽视上。一些思想教育工作者过分夸大了线上思想教育的作用，认为进行线上思想教育就能掌握大学生的思想动态，因而将主要精力放在线上的思想教育，而忽视了线下的思想教育。相反，还有一些思想教育工作者固守传统观念，不愿意学习现代信息技术，认为年龄大跟不上年轻人，从而忽视了线上思想教育的重要性。这种片面性的教育观念、理念阻碍了大学生思想教育工作的有效开展。

然而，实现大学生思想教育的全面发展需要线上与线下的协同育人。要实现这一目标，首先需要摒弃片面的教育观念、理念，理性地看待传统的线下思想教育和线上思想教育的优缺点，并认识到它们之间存在相互依赖和辩证关系。传统思想教育注重面对面的交流和沟通，能够建立师生之间的亲密关系，促进思想深入交流；而线上思想教育具有信息传播快速、覆盖面广等优势，能够迅速触达大学生群体，两者相辅相成，可以实现更为全面和有效的思想教育。例如，某高等学校在开展线上思想教育工作的同时，也注重传统的线下思想教育工作的开展。在网上，高等学校搭建了专门的网络平台，提供了丰富多彩的思想教育资源，包括视频讲座、在线讨论等，以满足大学生对于思想教育的多样化需求。同时，在线下，高等学校鼓励教师和大学生之间进行面对面的交流，开展心理辅导、学业辅导等活动，以更加深入地了解大学生的需求和问题，提供有针对性的帮助和支持。

2. 在教育体制机制建设方面存在一定的滞后性

在大学生思想教育领域，教育体制机制的滞后性成为制约线上线下协同育人的障碍。尽管许多高等学校在传统的线下思想教育的制度建设上已经比较完善，但对于线上教育的规划与制度建设却明显滞后。这种滞后性不仅表现在缺乏相应的制度和管理机制上，还表现为线下线上教育之间缺乏协调与协同，甚至存在将传统的线下思想教育模式搬到线上思想教育中的现象。

为了实现大学生思想教育线上线下协同育人，高等学校急需加强规划、完善制度、规范管理、充实队伍。在这一过程中，构建有利于促进线上与线下协同育人的长效机制至关重要。具体而言，需要在校党委的统一领导下，充分调动学工、宣传、团委等党政系统与思想教育理论课教师、辅导员、班主任的积极性。高等学校应通过建立完善的制度和机制，实现线上线下思想教育各个构成要素之间的相互联系、相互制约、相互作用，使线上线下思想教育科学化、制度化、规范化、经常化。例如，某高等学校为了促进线上线下协同育人，制定了一系列具体措施。首先，高等学校设立了由校党委主管的网络思想教育工作领导小组，负责统一规划和指导网络思想教育的发展。其次，高等学校通过加强师资队伍建设，培训了一批具有网络思想教育专业知识和技能的教师和辅导员，以保障线上线下教育工作的质量和效果。最后，高等学校建立了定期评估机制，对线上线下思想教育的效果进行监测和评估，及时调整和改进工作方案，确保思想教育工作的持续改进。

3. 在教育主体之间、教育资源调配等方面缺乏协同性

在大学生思想教育中，线上线下协同育人的不足之处主要体现为教育主体之间缺乏协同性以及教育资源调配方面的问题。协同，作为一种协调不同资源或个体，共同达成某一目标的过程或能力，对于大学生思想教育的全面发展至关重要。然而，在当前许多高等学校的实践中，尽管已经开展了线上线下思想教育，却未能实现真正意义上的协同育人，影响了教育效果。

第一，一些高等学校各教育主体尚未形成协同开展线上线下教育的意识。教育者、大学生、家长、社会等各方主体在大学生思想教育中扮演着不同的角色，应该相互配合与协同。然而，现实情况是，一些高校各主体之间缺乏有效的沟通与协作，导致教育工作无法真正做到线上线下一体化，教育效果受到制约。第二，一些高等学校在教育资源调配方面存在问题。有效的思想教育需要人力、物力、财力等各种资源的支持。然而，一些高等学校在资源分配上存在不合理

或不均衡的情况，导致部分教育主体缺乏必要的支持和条件，难以有效开展线上线下协同育人。

这些问题主要源于一些高等学校内部教育体系和管理机制的不完善。在一些高等学校管理层面，缺乏对线上线下协同育人的整体规划和战略部署，导致各教育主体缺乏共同的目标和合作机制。同时，在资源调配方面，高等学校尚未建立科学合理的资源分配机制，导致资源的浪费和不平衡现象时有发生。要解决这些问题，需要从多方面入手。高等学校管理者首先应加强对线上线下协同育人的认识和理解，明确其重要性和必要性，推动全校师生达成共识；其次应建立一套科学完善的协同育人机制，包括明确各教育主体的职责和权限、建立协同育人的工作流程和机制等；最后应加强对教育资源的调配和管理，确保资源的合理利用和公平分配。例如，某高等学校在实践中成立了由校领导牵头的线上线下协同育人工作小组，负责统筹规划和协调各方资源，推动协同育人工作的开展。同时，该校建立了专门的资源调配平台，为各个教育主体提供便捷的资源获取途径，促进资源的合理调配和共享。

第三节　高等学校采用线上线下思想教育的必要性

一、传统线下的思想教育模式的必要性

传统线下的思想教育模式在大学生教育中扮演着重要角色。这种模式强调高等学校、院系、年级、班级等层级的组织和管理，强调通过思想教育理论课、辅导员、班主任等，传递教育理念和知识。首先，这种模式在解决现实生活中的问题方面具有优势。通过面对面的接触和互动，教育者更容易了解大学生的实际情况和需求，采取有针对性的教育措施。例如，在社会实践和团队活动中，教育者可以直接观察大学生的行为和表现，并及时给予指导和反馈。其次，传统线下的思想教育模式在确保教育效果方面也具有优势。通过层层传递的相对封闭教育模式，可以确保教育理念和知识的准确传达，避免信息的失真和误解。然而，传统线下的思想教育模式也存在一些不足，例如，教育者的时间和精力有限，无法覆盖所有的大学生，影响了教育的影响面和效率。最后，一些大学

生可能会反感面对面的教育方式，从而影响教育效果的实施。

二、线上思想教育模式的必要性

随着互联网的普及和发展，线上思想教育模式逐渐受到关注。这种模式以互联网为主要依托，通过校园网、主题网站、博客、微博等平台和载体开展教育活动。首先，线上思想教育模式在增强教育实效性方面具有优势。在互联网上，教育者可以与大学生实现一对一、多对一的互动交流，深入了解大学生的需求和心理，提供个性化的教育服务。其次，线上思想教育模式在提高大学生参与度和活跃度方面也具有优势。大学生可以通过网络平台随时随地参与活动，线上思想教育模式调动了大学生的积极性和主动性，提高了学习效果。但线上思想教育模式也存在一些局限性。首先，网络生活不能完全替代现实生活，它只是现实生活的延伸和丰富，因此线上思想教育只能在一定程度上弥补传统的线下思想教育的不足。另外，线上思想教育需要面对网络安全、信息真实性等问题，教育者和大学生需要增强网络素养和安全意识，确保教育工作的有效开展。

三、线上思想教育与传统的线下思想教育的协同育人

传统的线下思想教育模式和线上思想教育模式各有优势和不足，两者之间存在着相互补充和互动的关系。因此，高等学校采用线上线下进行思想教育的必要性不言而喻。通过整合利用传统的线下思想教育和线上思想教育的优势，可以实现教育资源的共享和优化利用，提高教育服务的质量和效率，促进大学生的全面发展和成长。例如，在教育活动中可以结合传统课堂教学和网络互动讨论，通过线下实践和线上资源共享，实现教育的全方位覆盖和深度引导。因此，高等学校应积极探索和实践线上线下协同育人的模式，创新教育管理机制，提升教育的针对性和实效性。例如，可以搭建在线教育平台，整合校内外优质教育资源，为大学生提供个性化的学习和发展路径。同时，可以通过网络平台开展大学生心理健康教育和职业规划指导，帮助大学生解决实际问题和困惑，促进其全面发展。

此外，高等学校还应注重线上思想教育和传统的线下思想教育的有机结合，

通过教育活动和项目设计，让大学生在线上线下的交互中获得全面的教育体验。例如，可以组织线上线下的互动讨论和学术交流活动，促进师生之间的深度沟通和思想碰撞。同时，可以开展线上线下的社会实践和志愿服务活动，培养大学生的团队合作意识和社会责任感。

第四节　高等学校采用线上线下进行思想教育模式的选择

在当前互联网条件下，面对网络生活与现实生活日益融为一体的"90后""00后"大学生，高等学校必须加强线上线下协同育人工作，这是大学生思想教育的大势所趋。因此，我们不仅要顺应这个趋势，还要立足长远，在着力解决上述观念理念、体制机制和缺乏协同等问题的同时，努力探索适应各高等学校具体实情的大学生思想教育线上线下协同育人的可行模式，这显然是高等学校思想教育工作者的当务之急。由于线上思想教育与线下思想教育都有各自更适合发挥其优势的领域，也都有其弱项，因此，要做到线上线下形成合力，达到协同育人的目的，高等学校思想教育工作者就必须首先要学会选择有利于优势互补的协同模式，并在具体教育中加以实施。在近几年的大学生思想教育工作实践中，高等学校探索形成了多种形式的协同育人模式。

一、以"线下为主、线上为辅"的协同育人模式

在大学生思想教育中，采用"线下为主、线上为辅"的协同育人模式是一种有效的策略。这种模式将传统的面对面思想教育与现代网络思想教育相结合，充分发挥各自的优势，实现两者的有机融合和互补，从而更好地达到教育的目的。第一，对于线下思想教育能够发挥优势的领域，如第一课堂的思想教育理论课教学、社会实践活动、素质拓展活动和体验式教学活动等，应该由线下思想教育来承担主要角色。线下教育的优势在于能够直接面对大学生，进行面对面的交流和互动，有利于深入挖掘大学生的思想需求和问题，并及时进行有效的引导和教育。例如，通过组织社会实践活动，大学生可以亲身体验社会的各种现象和问题，从而更加深刻地理解和认识社会，这种体验式的教学方式对于大学生的思想教育具有重要意义。第二，将线下活动内容转化为线上资源，可

61

以进一步扩大活动的影响面和持久力。线上作为线下的延伸，可以将线下活动的精华内容通过文字、视频、照片等形式呈现在网络平台上，使更多的人可以看到并分享。线上资源的特点在于信息传播速度快、范围广，可以实现时间和空间的解构，使得原本局限于特定地点和时间的思想教育活动得以在更广泛的范围内传播和延续。例如，将社会实践活动的成果制作成视频，并在网络平台上发布，可以让更多的人了解和参与活动，进而产生更大的社会影响力。

二、以"线上为主、线下为辅"的协同育人模式

在大学生思想教育中，采用"线上为主、线下为辅"的协同育人模式是一种具有前瞻性和针对性的策略。这种模式以网络平台为主要渠道，通过各种在线社交和交流工具，如博客、微博、QQ空间、QQ群、手机报等，深入大学生的网络生活，了解他们的思想动态和内心需求，从而实现思想引导和教育的目的。同时，结合线下思想教育，通过面对面的交流、咨询和帮扶服务，对线上发现的问题有针对性地解决和干预，形成线上线下的协同育人模式。

第一，线上思想教育"唱主角"，可以充分利用网络平台的便捷性和广泛性，深入大学生日常生活的方方面面。例如，通过创建高等学校官方微博、微信公众号等平台，发布关于思想教育的相关内容和活动信息，引导大学生关注和参与。同时，通过开展自由论坛、张扬自我个性等活动，激发大学生的思想创新和个性表达，促进他们全面发展和成长。这种方式可以突破传统的线下思想教育的局限，更好地与大学生进行沟通和交流，引导他们树立正确的世界观、人生观和价值观。

第二，线下思想教育"唱配角"，可以对网上发现的问题进行更加深入和有针对性的干预和解决。例如，当在大学生的QQ空间或微信朋友圈等社交平台上发现其言行异常或有心理困扰时，可以通过面对面的谈心、心理咨询等方式进行干预和帮助。这种线下思想教育可以更加贴近大学生的实际情况，增强教育的针对性和实效性，有效解决大学生的问题，促进其健康成长。

通过"线上为主、线下为辅"的协同育人模式实施大学生思想教育，可以

充分利用网络平台的优势，扩大思想教育的覆盖范围和影响力，形成高效、精准的思想教育体系，为大学生的健康成长和发展提供有力支持。

三、线上线下并行推进、各尽所长的协同育人模式

在当前大学生思想教育的实践中，采用线上线下并行推进、各尽所长的协同育人模式是一种既具有前瞻性又具有实践意义的策略。这种模式旨在充分利用网络和传统教育资源，结合各自的优势，在线上线下同步开展思想教育工作，实现全方位、多层次的教育覆盖，为大学生全面成长和发展提供有力支持。

首先，在线上推进思想教育。通过建设网络思想教育主题网站等方式，打造在线教育平台，为大学生提供丰富多样的教育资源和内容。例如，可以在网络平台上发布思想教育的理论知识、案例分析、专题讨论等内容，引导大学生进行深入思考和讨论。同时。利用网络媒体平台资源，将正能量和正面价值观传播到更广泛的群体中，引导大学生树立正确的人生观和价值观。

其次，在线下夯实思想教育的基础。通过开展资助育人、文化育人、教学育人、管理育人与服务育人等工作，实现对大学生全方位的教育和培养。例如，可以通过设立奖学金、助学金等资助项目，帮助经济困难的大学生顺利完成学业；通过举办文化活动、艺术节、学术讲座等活动，丰富大学生的文化生活；通过优化教学管理机制，提高教学质量和教学效果；通过加强对大学生的服务工作，为大学生提供更好的学习和生活环境。

四、以新媒体为平台实现线上线下一体化的育人模式

首先，以高等学校现有的校园思政专题网站为依托，通过建立统一的服务与教育体系，实现线上线下一体化。校园思政专题网站作为信息发布的主要平台，可以发布高等学校的思想教育政策、重要活动、教育资源等内容，为大学生提供及时有效的信息服务。同时，通过微信、微博、客户端等新媒体平台，实现信息的多渠道传播和互动交流，满足大学生多样化的需求。其次，整合多种服务功能，满足大学生的多元化需求。通过集成信息查询、投诉申诉、心理咨询、法律咨询、辅导员答疑、学生骨干培训等服务功能，为大学生提供全方位的支持和帮助。例如，大学生可以通过网上平台进行心理咨询和法律咨询，

解决个人问题和困扰；辅导员可以通过网络平台为大学生进行在线答疑和指导，提高教育服务的效率和质量。最后，将思想教育与便民接待服务融为一体，为大学生提供更加便捷和贴心的服务体验。例如，大学生可以通过手机客户端预约心理咨询师或法律顾问，随时随地获取所需的帮助和支持；高等学校也可以通过新媒体平台传播正能量，激励大学生树立正确的人生观和价值观。

第六章
推进大学生线上思想教育创新发展

第一节　线上思想教育的发展

一、初步探索时期（1994—1999 年）

在 1994—1999 年这一初步探索时期，中国进入了网络时代。这标志着国家思想教育面临新的机遇和挑战。随着互联网的发展，思想教育工作逐渐融入网络化的环境，进行了一系列探索和实践。这一时期，中国的信息网络硬件建设迅速发展，尤其是教育和科研计算机网络的建设，为思想教育的网络化奠定了基础。同时，高等学校校园网迅速搭建，大学生成为互联网使用的先行者，出现了校园 BBS 论坛等网络社区。

然而，随着互联网的普及，网络上的不良信息，给大学生带来了消极影响。传统的线下思想教育方式在网络环境中显得力不从心，面临新的挑战。在这种背景下，一种全新的思想教育方式——线上思想教育开始探索发展，虽然尚处于萌芽阶段，但已呼之欲出。1998 年年末，部分高等学校已经开始实施线上思想教育工作，初步完成了从酝酿到萌芽的过渡。但总体而言，这一时期中国的线上思想教育仍处于起步阶段，主要特点包括：思想教育与网络处于离散状态，教育工作者在应对网络带来的挑战时显得较为被动；学术界在理论研究方面滞后于实践，尚未提出相关的理论框架和概念。思想教育工作者主要采取"防、堵、管"的措施，即监控网络信息、阻止不良信息传播和加强大学生思想教育管理。

在这一时期，中国的思想教育面临着新的挑战和机遇，需要教育工作者不断探索创新，适应网络化时代的需求。同时，需要加强理论研究，提出符合网络时代特点的思想教育理论和方法，以推动线上思想教育的发展和进步。

二、主动建设时期（2000—2002 年）

在 2000—2002 年的主动建设时期，中国的线上思想教育迎来了快速成长的阶段。这一时期，随着互联网用户数量的迅速增长，线上思想教育得到了广阔的发展空间。

2000 年，教育部印发了《关于加强高等学校思想政治教育进网络工作的若干意见》，为高等院校思想教育向网络进军奠定了基础。在这一背景下，线上思想教育迎来了主动建设的高潮，进入了快速发展的阶段。在这一时期，信息网络硬件建设迅速发展，校园 BBS 和大学生网站等网络媒介如雨后春笋般涌现，为思想教育提供了新的平台和载体。同时，一些大型公益性专题思想教育网站相继开通，如"民族魂""血铸中华"等，为思想教育抢占了更多的网络阵地。这一时期，线上思想教育的实践探索日益深化，各类思想教育网站的涌现为线上思想教育提供了更加丰富的内容和形式。

在理论研究方面，学术界开始探讨了线上思想教育的内容、形式、机制等问题。2000 年，谢海光主编的《互联网与思想政治工作概论》顺利出版，为线上思想教育的理论和实践提供了重要的指导和支撑。然而，在这一时期尽管线上思想教育取得了快速发展，但仍存在一些问题。思想教育网站大多处于传统思想教育的"复制"阶段，缺乏创新和深度。学术界的理论研究还存在一定的脱节和缺位，需要进一步加强。

三、深入发展时期（2003—2009 年）

在 2003—2009 年的深入发展时期，线上思想教育进入了逐渐成熟的阶段，其理论与实践体系日益完善，标志着线上思想教育迈向了一个新的阶段。

第一，从硬件及技术方面看，随着移动通信技术的迅速发展，智能手机、平板电脑等移动设备的普及，以及 3G 技术的推广应用，我国进入了移动互联网时代，使新媒体成为线上思想教育的重要载体和实施平台，这为线上思想教育提供了更加便捷、灵活的传播渠道，使教育资源能够更加广泛地覆盖到学生群体。

第二，在教育实践方面，思想教育主题网站的建设水平不断提升，内容更加丰富多彩，具有针对性和时效性。各行业、各单位纷纷利用自身的网络基础设施，开设行业性、部门性的思想教育网站，为不同群体提供了定制化的思想教育服务。例如，一些大型企业开设了内部的线上思想教育平台，通过发布精神文化建设的活动和信息，提升员工的思想道德水平。

第三，在运行机制方面，线上思想教育管理逐步规范化，内部运行、保障、协调等机制也得到了不同程度的完善。线上思想教育的管理体系逐渐健全，各级教育主管部门加大了对线上思想教育的指导力度，为线上思想教育的持续健康发展提供了有力保障。

在理论研究方面，线上思想教育的研究工作与教育实践更加紧密结合，研究方法也逐渐由单一学科领域的研究发展为多学科的综合研究。线上思想教育的理论体系初步形成，研究成果进一步深化。相关著作通过概括和阐释线上思想教育所面临的一系列前沿性问题，初步建构了线上思想教育研究的理论体系，为线上思想教育的未来发展提供了理论支撑。

四、新媒体广泛应用时期（2009年至今）

在2009年至今的新媒体广泛应用时期，我国线上思想教育面临着新的挑战和机遇。随着移动互联网时代的到来，互联网已经不再局限于固定的终端设备，而是通过智能手机、平板电脑等移动设备进入人们的日常生活，从"Web world"逐渐转变为"Mobile world"。这种变革深刻地改变了人们的生活方式，也影响了大学生思想教育。

一方面，移动互联网的普及使大学生群体成为新媒体的主要用户。数据显示，截至2023年12月，我国网民规模为10亿多人，较2022年12月新增约3000万人，互联网普及率逐年提高。随着互联网的普及，大学生的学习和生活已经深深地融入移动互联网的环境之中，传统的思想教育方式已经无法满足他们碎片化、个性化的需求。

另一方面，新媒体的广泛应用为大学生线上思想教育提供了广阔的平台。

许多高等学校和思想教育工作者开始主动适应这一新常态，探索以新媒体为平台拓展线上思想教育的广度和深度。除了继续建设校园思政主题网站，他们更加注重利用官方微博、官方微信等新媒体平台，开展与大学生的互动和交流。同时，以院系、班级、团体、小组等为单位的微"网站"、QQ群、微信朋友圈等成了线上思想教育的重要载体，为大学生提供了更加贴近实际、更加接地气的教育服务。例如，一些高等学校通过微信公众号发布校园活动信息、心理健康知识、就业指导等内容，吸引了大学生关注，形成了良好的教育宣传效果。另外，云计算、大数据等新技术的发展和普及也为大学生线上思想教育带来了新的机遇。通过云计算和大数据技术，教育机构可以更加精准地了解大学生的需求和行为，从而提供个性化、定制化的教育服务。例如，一些在线学习平台利用大数据分析大学生的学习习惯和行为模式，为其推荐适合的学习资源和课程，提高了其学习效率和质量。

第二节　当前线上思想教育面临的主要问题

经历上述四个阶段的发展，我国线上思想教育取得了开创性成就，为今后的发展奠定了坚实的基础。但是，从全国宏观范围来看，当前我国线上思想教育创新仍然存在不少问题，概括起来可分为四个方面。

一、理论创新方面

在当前线上思想教育的理论创新方面，存在理论研究与实践脱节的问题，导致缺乏具有指导性的研究成果。理论创新的不足使部分研究受到传统思想教育模式的影响，难以突破传统框架，影响了教育者对线上思想教育的深入理解和实践应用。以下将从几个方面深入探讨这一问题，并提出相应的解决措施。

第一，当前线上思想教育理论研究的薄弱之处主要表现为理论与实践脱节。虽然大量的理论研究正在进行，但是很多研究成果未能有效指导实践，缺乏针对性和可操作性。例如，一些研究只集中于网络技术的应用和教学方法的探索，而忽视了思想教育的本质和目标。这导致线上思想教育在实践中缺乏有效的指导，无法真正解决实际问题。

第二，部分研究难以突破传统框架。在线上思想教育的研究中，一些学者仍然沿用传统思想教育的理论框架和方法论，未能充分考虑网络环境下的特点和挑战。这种思维定式限制了对线上思想教育本质的深入理解，阻碍了创新理论的产生和应用。

第三，缺乏科学系统的理论创新成果，影响了线上思想教育的实践效果和发展方向。尽管有大量的理论研究，但是很少有系统性的理论框架和方法体系，缺乏对线上思想教育关键问题的深入思考和解决方案。这使线上思想教育的实践常常停留在表面，无法形成有效的理论支撑和指导。

二、网站建设方面

第一，部分思想教育网站存在技术水平参差不齐的情况。由于缺乏专业的网络技术人员和思想教育专家的维护，部分网站的网页制作较为粗糙，用户体验不佳。例如，一些网站的页面设计简陋，布局混乱，导航不清晰，影响了用户对网站的浏览和使用体验。

第二，部分思想教育网站内容质量不高，缺乏思想性、针对性和创新性。这些网站主要限于发布工作信息和简单的宣传内容，缺乏对思想教育问题的深入分析和思考，无法满足用户对知识和信息的需求。例如，一些网站的内容单一，重复性较大，缺乏新颖的观点和深度的思想探讨，使用户对网站的兴趣降低。

第三，缺乏具有影响力的专题网站是当前网站建设面临的问题之一。在思想教育领域，缺乏涵盖全面、深入研究特定主题的专题网站，使用户在获取相关信息时面临困难。例如，针对性较强的专题网站可以针对特定的思想教育问题展开深入的讨论和研究，为用户提供更具价值和可信度的信息资源。

第四，缺乏对网民需求的科学定位和细分是当前网站建设面临的挑战之一。由于缺乏对用户群体的深入了解和分析，部分网站未能准确把握用户的需求和偏好，导致网站内容和服务与用户的实际需求不匹配。例如，针对不同年龄段、教育背景和兴趣爱好的用户，可以采取不同的网站定位和服务策略，提供更加个性化和精准的服务。

三、运行机制方面

第一，线上思想教育主体内部关系未充分理顺，存在机制不完善的情况。在许多高等学校和教育机构中，思想教育工作由多个部门共同承担，如学工处、团委、宣传部及各二级学院等。然而，由于缺乏有效的协调机制和沟通渠道，各部门之间存在着信息孤岛和资源重复利用的问题。例如，同一校园内可能存在多个重复建设的思想教育网站，造成资源浪费和效率低下。

第二，缺乏对网站的科学定位和规划是导致资源分散和重复建设的重要原因之一。在线上思想教育的实践中，许多单位和组织缺乏对网站建设的整体规划和统一指导，导致各自为政、各自为战的局面。例如，一些高等学校可能会由不同的部门或学院分别建设思想教育网站，而缺乏整体规划和统一协调，造成了资源的分散和重复建设。

第三，经费投入、技术支持、人才培养等方面的保障和协调机制不够健全，也是制约线上思想教育发展和创新的重要问题。在当前的线上思想教育实践中，由于缺乏足够的经费投入和技术支持，许多单位和组织无法有效地开展网站建设和运营工作。同时，由于缺乏对人才培养的系统规划和有效的培训机制，线上思想教育领域缺乏专业化、高素质的人才，制约了其创新发展。

四、人才培养方面

在人才培养方面，当前线上思想教育面临严峻的挑战和问题。

第一，缺乏适应新媒体时代的思想教育人才，严重制约了线上思想教育的创新发展。随着移动互联网时代的到来，新媒体的普及应用对思想教育提出了新的要求，但是现有的思想教育工作者普遍缺乏应对新媒体时代挑战的能力和意识。他们对于新媒体的应用和运用仍然停留在传统的思想教育模式上，无法充分发挥新媒体在思想教育中的优势，导致思想教育的创新发展受阻。

第二，当前思想教育工作者普遍缺乏对微时代的认识和重视，无法满足大学生碎片化、个性化的需求。在微时代，信息传递更加迅速，大学生获取信息的途径更加多样化和碎片化，因此，思想教育工作者需要善于抓住微小细节，进行深入思考，以更好地满足大学生的需求。然而，目前的思想教育工作者普遍缺乏对微时代的敏感度和理解，无法有效地应对大学生碎片化、个性化的需求，导致思想教育的深度和广度受到限制。

第三，缺乏善于从细微处入手、深入思考的思想教育"高手"，也是当前线上思想教育人才培养方面的一个突出问题。在微时代，思想教育需要更加注重微观层面的细节和个性化的需求，需要思想教育工作者善于从微处入手，深入挖掘大学生的内心世界，进行有效的思想引导和教育。然而，现实情况是，大部分思想教育工作者仍然停留在传统的教育模式中，缺乏对微观层面的重视和理解，无法有效地应对大学生的个性化需求，导致思想教育的效果不佳。

第三节　推进线上思想教育创新发展

为了推进线上思想教育创新发展和完善，使线上线下协同育人融为一体，针对当前网络教育面临的问题，笔者认为应该采取以下三项策略。

一、理论创新

在线上思想教育领域，理论创新的重要性不言而喻。多年的实践和探索已经为我们提供了丰富的经验和教训，但同时也暴露出了一些问题和挑战。因此，我们迫切需要进行理论上的突破，以适应时代的发展和需求的变化。

第一，理论创新需要在辩证审视和全面总结的基础上进行。我们需要深入研究和分析线上思想教育的实践经验，从中提炼出有规律性的认识和经验教训，为理论创新提供坚实的基础。例如，在探讨线上思想教育的内容创新时，我们可以借鉴不同地区、不同高等学校的实践经验，总结成功的案例和失败的教训，并以此为基础构建更加系统和科学的内容创新理论。

第二，理论创新需要紧密结合实践发展的需求。线上思想教育是一个不断发展的领域，理论创新必须紧跟时代的步伐，关注实践中出现的新问题和新挑战。例如，随着移动互联网时代的到来，大学生的学习和生活方式发生了巨大变化，我们需要思考如何利用新媒体平台更好地开展线上思想教育，如何应对大学生碎片化学习和信息过载的挑战等。

第三，理论创新需要建立对实践具有指导作用的理论体系。这一体系应该包括对线上思想教育的运行机制、内容创新、人才培育、文化建设、社会化、标准化、专业化等方面的深入研究，为实践提供科学的指导和支持。例如，在探讨线上思想教育的社会化问题时，我们可以借鉴社会化教育的理论和实践经验，探讨如何加强学校、家庭、社会等多方合作，促进大学生全面发展。

二、机制创新

第一，机制创新需要建立一套完善的制度体系。其中包括建章立制，明确各方的职责和权利，规范工作流程和程序。例如，可以建立线上思想教育的管理规定和操作手册，明确党委领导下各相关部门的责任分工，形成职责清晰、协同配合的工作机制。同时，应该加强内外部约束机制的建设，确保制度的执行和落实。

第二，机制创新需要借鉴商业网站的运作模式，不断完善管理体制。商业网站通常具有高效的管理机制和灵活的运作方式，可以借鉴其经验和做法，应用于思想教育网站的管理和运营。例如，可以引入项目管理、团队协作等现代管理方法，提升管理效率和工作质量。

第三，机制创新还需要积极探索建立评价指标体系和信息标准体系。这有助于评估和监督线上思想教育的质量和效果，提供数据支持和决策参考。例如，可以制定针对思政网站的评价指标，包括内容覆盖范围、信息更新速度、用户参与度等方面，以此来评估网站的质量和影响力。同时，可以建立教育信息的分类编码和文件格式标准，统一信息的存储和传输格式，提高信息处理的效率和准确性。

三、人才培养创新

第一，人才培养需要着眼于大学生思想教育的新特点和新需求。随着移动互联网的发展，大学生越来越倾向于通过新媒体平台获取信息和知识。因此，培养适应大学生思想教育新特点的教育队伍至关重要。这就要求高等学校结合自身实际，加大对这类人才的培养力度，培养一批既熟悉互联网特点、掌握互联网技术，又熟悉思想教育理论、掌握思想教育工作技巧的专业人才。

第二，人才培养要坚持以人为本的理念，因材施教，培养专业化的线上思想教育团队。其中包括线上思想教育理论研究者、线上思想教育工作者、线上思想教育创作者、线上思想教育主持人及编辑人员等。通过针对不同领域、不同受众的线上思想教育专业和相关课程的设置，培养具有专业知识素养和网络技术专业技能的高层次专业人才。

第三，高等院校要充分发挥科研人员集中的优势，积极构建线上思想教育学科人才梯队。通过建立以大学生为主体的线上思想教育通讯社等机构，充分调动和利用大学生参与线上思想教育实践的积极性，逐步培养专业化的线上思想教育创作者队伍、管理者队伍、主持人队伍。例如，可以组织大学生参与线上思想教育内容的策划、制作和推广，培养其实践能力和创新意识。

第七章
构建特色鲜明的思想教育主题网站

第一节 大学生思想教育主题网站建设势在必行

一、由大学生思想教育的总体目标所决定

新媒体时代要求大学生思想教育不断发展和创新，因此必须抢占网络这一广阔的阵地。中共中央、国务院发出的《关于进一步加强和改进大学生思想政治教育的意见》强调，要"努力拓展新形势下大学生思想政治教育的有效途径"。在新媒体时代，大学生思想教育要主动占领网络阵地，积极利用校园网为大学生服务，这不仅是大学生学习、生活等方面的需要，更是实施大学生思想教育的新途径。

（一）新媒体时代下的思想教育需求

1. 大学生思想教育需求的时代背景

新媒体时代的到来给大学生思想教育带来了新的挑战和机遇。随着互联网和移动设备的普及，大学生获取信息、进行思想交流的渠道更加广泛和多样化。在这样的背景下，传统的线上思想教育方式已经不再适应大学生的需求，必须进行改革和创新。

2. 大学生思想教育需求的特点分析

（1）多样化的信息获取需求

大学生在新媒体时代对于信息的获取有着多样化的需求。他们通过互联网

搜索引擎、社交媒体平台、在线课程等渠道获取信息，希望能够获得及时、准确、丰富的信息内容。

（2）交互性和参与性的提升

新媒体平台的特点在于交互性和参与性强，大学生希望能够通过网络平台与他人进行交流和讨论，在参与思想教育的过程中，他们希望表达自己的观点，听取他人的意见，共同探讨问题，达成共识。

（3）个性化学习需求的增加

每个大学生的学习习惯和兴趣爱好都有所不同，因此他们对于思想教育的需求也存在差异。有些大学生更喜欢通过文字阅读获取知识，有些则更喜欢通过视频、音频等多媒体形式进行学习。因此，思想教育的内容和形式需要更加多样化和个性化。

3. 应对新媒体时代大学生思想教育需求

（1）构建思想教育主题网站

针对新媒体时代大学生的思想教育需求，创建思想教育主题网站，是一个重要的途径。网站可以集中发布思想教育的相关资讯、文章、视频等内容，满足大学生对于多样化信息的需求。同时，网站还可以设置互动功能，让大学生在参与思想教育的过程中，提升参与感和归属感。

（2）优化在线课程平台

随着在线教育的发展，越来越多的大学生倾向于通过在线课程进行学习。因此，思想教育课程的在线平台也需要优化和升级，以便提供更加丰富、专业的课程内容，满足大学生个性化学习的需求。

（3）加强社交媒体平台建设

社交媒体平台已经成为大学生交流思想的重要渠道之一，因此可以通过社交媒体平台加强思想教育工作。创建专门的思想教育社交媒体账号，发布相关内容，开展线上讨论和互动，引导大学生树立正确的思想观念和价值观。

（4）推动线上教育资源共享

高等学校和教育机构通过合作可以共享优质的思想教育资源，推动线上教育资源的共享和开放。通过建立线上教育资源平台，让更多的大学生能够获得高质量的思想教育资源，提升他们的思想政治素质和综合能力。

（二）信息技术发展对大学生思想教育的影响

1. 信息技术发展的背景

随着信息技术的迅猛发展，互联网已经深入人们生活的方方面面，成为人们获取信息、交流思想的重要平台。大学生作为互联网的主要受众之一，其思想教育也受到信息技术发展的深刻影响。

2. 信息技术对大学生思想教育的挑战

（1）信息泛滥与真假难辨

随着互联网信息的爆炸式增长，大学生在网络上接触到的信息数量庞大，但其中不乏虚假信息，大学生在获取信息的过程中面临真假难辨的问题。这种情况可能影响大学生的价值观和思想认识，影响思想教育的有效开展。

（2）网络沉迷与注意力分散

大学生普遍使用互联网进行学习和娱乐，但过度沉迷网络可能导致学习和思考能力下降，注意力难以集中。这种情况会影响思想教育的深入开展，因此需要引起重视并采取有效措施加以应对。

（3）网络暴力与不良信息

在互联网上充斥着一些负面、不良信息，可能对大学生的思想产生负面影响，甚至引发心理健康问题。这对思想教育工作提出了新的挑战，需要教育工作者通过合理引导和规范管理来应对。

3. 利用信息技术构建健康网络学习环境

（1）建立思想教育主题网站

针对信息技术发展所带来的挑战，高等学校可以建立思想教育主题网站，通过该网站对网络上的信息进行筛选和引导，为大学生提供健康、积极的网络学习环境。这样的网站可以发布正面、权威的思想教育内容，引导大学生树立正确的思想观念。

（2）加强网络素质教育

大学生作为网络时代的主要受众，其网络素质对于思想教育的有效开展至关重要。高等学校可以通过开设网络素质教育课程、举办网络安全知识竞赛等方式，提升大学生的网络素质，增强他们识别虚假信息、抵御网络诱惑的能力。

（3）推动网络信息审核机制建设

为了防止网络上的虚假信息和不良信息对大学生的影响，高等学校需要加强网络信息审核机制的建设，建立一套科学、有效的信息审核机制。同时，高等学校需要加强网络信息监管，严厉打击网络谣言，遏制不良信息的传播，维护网络环境的清朗和健康。

（三）大学生线上思想教育的重要手段

1.互联网作为主要平台

（1）新媒体时代的特点

新媒体时代，以互联网为代表的新兴技术迅猛发展，成为人们获取信息、交流思想的主要平台之一。大学生作为新一代的主力军，广泛应用互联网进行学习、娱乐和社交活动。

（2）互联网在大学生思想教育中的地位

互联网的广泛性和互动性为大学生思想教育提供了重要的平台。通过互联网，思想教育可以突破传统的时间和空间限制，实现全天候、全方位的教育覆盖。因此，构建思想教育主题网站成为必然选择。

2.思想教育主题网站的建设

（1）发布思想教育资源

思想教育主题网站可以集中发布优质的思想教育资源，包括文章、教学视频、演讲等。这些资源涵盖了马克思主义理论、中国特色社会主义理论、国情国策等方面的内容，能够满足大学生多样化的学习需求。

（2）组织线上活动

通过思想教育主题网站，高等学校可以组织丰富多样的线上活动，如在线讲座、网络研讨会、主题论坛等。这些活动不受地域限制，可以吸引更多的大学生参与，提升其思想政治素质。

3.开展网络互动

网站可以设置互动交流的功能，如留言板、在线问答、讨论区等，让大学生在网上与老师、同学进行交流互动，分享学习心得、提出问题、讨论思想观点，从而促进彼此的思想碰撞和共同进步。

4.提升大学生的思想觉悟与道德素质

（1）增强思想教育的针对性和实效性

通过思想教育主题网站，高等学校可以根据大学生的特点和需求，有针对性地开展思想教育工作，引导他们树立正确的世界观、人生观、价值观。同时，网站可以定期评估教育效果，及时调整教育内容和形式，提升教育的实效性。

（2）促进思想教育的全面发展

思想教育主题网站作为一个集中的平台，可以整合各方面的优质资源，推动思想教育的全面发展。思想教育主题网站可以通过多种形式的思想教育活动，全方位地提升大学生的思想觉悟和道德素质，为他们的成长、成才提供良好的保障。

二、由信息技术发展的时代要求所决定

互联网的发展速度要比以往任何一种科技都快。网络为人类提供了新的交流方式，对人类生活的很多方面起到了重要的推动作用。但是网络所具有的开放性、匿名性及个体参与性特点，使网上一些不利于人们正常生活的信息传播开来。这不利于大学生思想教育的顺利实施。大学生正处于思想动荡的年纪，其世界观、人生观和价值观还没有稳定下来，容易受到不良信息的侵蚀。因此要建立一个专门的思想教育网站，做好大学生思想教育工作。

（一）网络传播对大学生思想教育的影响

1.互联网的普及与发展

（1）信息获取的便捷性

互联网的普及与发展使信息获取变得更加便捷。大学生可以通过搜索引擎、网络平台等渠道随时随地获取各种类型的信息，包括学术资料、新闻资讯、社会观点等。

（2）交流沟通的全球化

互联网使人与人之间的交流和沟通变得更加便捷。大学生可以通过社交媒体、在线论坛等平台与来自世界各地的人进行交流，分享观点、经验和想法。

（3）知识传播的广泛性

互联网为知识的传播提供了广阔的空间。大学生可以通过在线课程、网络

学习平台等方式获取来自世界各地的优质教育资源，拓宽视野，提高学习能力。

2. 大学生思想教育面临新的挑战和机遇

（1）信息过载与真伪辨别

互联网信息的爆炸式增长带来了信息过载的问题，大学生面临着海量信息的筛选和真伪辨别的挑战。在这种情况下，如何引导大学生正确获取、理解和运用信息成为思想教育的新课题。

（2）网络沉迷与注意力分散

大学生普遍使用互联网进行学习和娱乐，但过度沉迷网络可能导致学习效率下降、注意力分散等问题。因此，如何引导大学生科学合理地利用互联网资源，避免网络沉迷成为思想教育的一项重要任务。

（3）网络言论与思想引导

互联网的开放性和匿名性使网络上存在一些负面言论和不良信息，这可能对大学生的思想产生不良影响。思想教育需要加强对大学生的思想引导，引导他们正确理解和评价网络信息，树立正确的世界观、人生观和价值观。

3. 构建思想教育主题网站的意义和作用

（1）满足大学生学习需求

构建思想教育主题网站可以更好地满足大学生在互联网时代的学习需求。网站集中发布优质的思想教育资源，包括文章、视频讲座、在线课程等，方便大学生获取相关知识。

（2）提高思想教育的针对性和实效性

思想教育主题网站可以根据大学生的特点和需求，有针对性地开展思想教育活动。通过网站发布教育内容、组织线上活动、开展网络互动等方式，提高思想教育的针对性和实效性，更好地促进大学生思想觉悟的提升。

（3）加强思想引导和舆论监督

构建思想教育主题网站可以加强对大学生的思想引导和舆论监督。网站可以发布正面、健康的思想教育内容，引导大学生树立正确的世界观、人生观和价值观，同时监督网络言论，净化网络空间。

（二）网络信息安全的保障

1.信息安全问题日益突出

（1）网络信息泄露的风险

在网络时代，大学生在使用互联网进行学习和交流的过程中，个人隐私和敏感信息面临着被泄露的风险。个人信息泄露可能导致身份盗用、财产损失等问题，严重影响大学生的安全感和信任感。

（2）不良信息的影响

网络上存在一些不良信息，如暴力恐怖信息等，可能对大学生的思想观念产生负面影响，甚至引发不良行为。这些不良信息的存在给大学生的思想教育工作带来了新的挑战。

2.构建思想教育主题网站的信息安全保障措施

（1）加强网络防火墙建设

思想教育主题网站应建立健全网络防火墙系统，对外部攻击和恶意访问进行监控和防范。通过设置安全防护设备和网络安全软件，有效阻止网络黑客和病毒的攻击，保障网站信息的安全性和稳定性。

（2）加密个人隐私信息

网站应采取加密技术对大学生的个人隐私信息进行保护，包括用户账号、密码、个人身份信息等。通过 SSL 加密传输协议等技术手段，确保用户的信息在传输过程中不被窃取或被篡改，保障用户的个人隐私安全。

（3）建立严格的权限管理机制

网站应建立严格的权限管理机制，对用户的访问权限进行细分和控制。根据用户的身份和需求设定不同的权限级别，确保用户只能访问其具有权限的信息，有效防止信息泄露和非法访问的发生。

3.信息安全保障的重要意义

（1）保障大学生思想教育的安全性

信息安全保障是构建思想教育主题网站的重要前提，只有确保网站信息的安全性和完整性，才能有效保障大学生思想教育工作的安全性和有效性。

（2）维护网络环境的清朗和健康

通过加强信息安全保障，可以有效净化网络环境，清除网络上的不良信息和有害信息，为大学生提供一个清朗、健康的网络学习和交流环境。

（3）增强用户信任度和满意度

信息安全保障是用户信任度和满意度的重要保障。大学生只有对网站的信息安全性和隐私保护有信心，才会更加愿意在网站上进行学习和交流，从而增强网站的影响力和用户黏性。

（三）网络技术的便捷化教育手段

1. 实现时间和空间上的突破

（1）随时随地的学习机会

借助网络技术，大学生可以随时随地通过思想教育主题网站获取学习资源，不再受到传统的教室和固定时间的限制。无论是在校园、宿舍还是在家中，都可以轻松地进行学习。

（2）突破传统教育的空间限制

传统的课堂教学往往受到教室容量和地理位置的限制，无法为所有大学生提供足够的学习资源和师资力量；而网络平台可以突破这种空间限制，为更多的大学生提供高质量的教育资源和服务。

2. 增加教育的灵活性和便捷性

（1）个性化学习的支持

思想教育主题网站可以根据大学生的个性特点和学习需求，提供个性化的学习资源和服务。通过智能化的推荐系统和个性化的学习路径设计，满足不同大学生的学习需求，提高教育的针对性和实效性。

（2）多样化的学习方式

网络技术的发展使教育可以采取多种形式进行，如文字、图片、视频、音频等。思想教育主题网站可以结合这些多样化的学习方式，为大学生提供丰富多彩的学习体验，激发他们的学习兴趣和积极性。

3. 促进大学生思想教育的深入开展

（1）拓展教育的覆盖面

网络平台的普及使大学生思想教育可以覆盖更广泛的群体，包括全日制学生、在职学生、远程教育学生等。通过构建思想教育主题网站，可以实现思想教育的全面覆盖，促进思想教育工作的深入开展。

（2）加强教育的互动性

网络平台具有良好的互动性，大学生可以通过网站与老师、同学进行交流互动，分享学习心得，讨论思想观点。这种互动性不仅有利于增强大学生的学习效果，还能够促进他们的思想交流和碰撞，提高思想教育的实效性。

三、网络技术是大学生网络思想教育的重要手段

新媒体时代，互联网的普及使大学生上网成为一种必要的学习和生活方式，大学生成为广大网民的主要构成。同时，网络技术的发展为大学生思想教育提供了便捷化的教育手段和平台，使大学生思想教育在空间和时间上都得到了拓展。以网络为平台对大学生进行思想教育已经成为当前大学生思想教育的重要特点。

（一）网络普及与大学生网民化趋势

1. 大学生群体成为网络的重要组成部分

（1）互联网的普及程度

互联网的普及程度已经成为当今社会的一项显著特征，其影响已经深入到人们生活的方方面面。随着科技的发展和网络技术的进步，互联网的普及程度愈发广泛和深入。特别是在大学生群体中，互联网的普及程度尤为突出。作为年轻一代，大学生群体更加习惯于利用互联网进行学习、娱乐和社交活动，成为网络的重要参与者和推动者。

首先，互联网已经成为大学生学习的重要工具和平台。大学生可以通过网络获取海量的学习资源，包括在线课程、学术论文、电子书籍等，从而丰富自己的知识储备。同时，互联网提供了丰富多样的学习工具和平台，如在线课堂、学术论坛、学习社区等，为大学生提供了便捷、高效的学习环境。

其次，互联网在大学生的娱乐和社交活动中扮演着重要角色。大学生可以通过社交网络平台与同学、朋友进行交流和互动，分享生活趣事、心理感受等。同时，各种娱乐内容和应用程序丰富了大学生的日常生活，如在线视频、音乐平台、游戏应用等，满足了他们的娱乐需求。

最后，互联网的普及促进了大学生的信息获取能力和沟通能力的提升。通过网络，大学生可以了解世界各地的新闻事件、学术研究成果、社会动态等信息，拓展了视野和知识面。同时，通过与他人的网络交流和互动，大学生可以锻炼自己的表达能力和沟通技巧，提高社交能力，增进人际关系。

（2）大学生的网络行为特点

大学生作为互联网的重要参与者，其网络行为呈现出一系列独特的特点和趋势。

首先，大学生群体具有较高的网络素养和技术水平。随着互联网的普及和信息化技术的发展，大学生在校园生活和学习中频繁接触网络，掌握了使用各类网络工具和应用的能力，熟练运用网络获取信息、处理数据和沟通交流。

其次，大学生习惯于通过网络获取信息、表达观点、交流思想。大学生通过互联网阅读新闻网站、参与网络讨论、发布个人博客等，获取和传播各种信息，展示自己的观点和见解，与他人进行思想交流和互动。网络平台为大学生提供了一个开放、自由的舞台，激发了他们的创造力和表达欲望，丰富了他们的学习和生活体验。

再次，大学生在网络行为中展现出较强的社交性和群体性。他们习惯于利用社交网络平台与同学、朋友保持联系，分享生活琐事，共同参与各类线上活动。通过网络，大学生不仅能够拓展社交圈子，还能够获得支持，建立合作关系，形成互助互补的学习和生活网络。

最后，大学生的网络行为受到个体差异和文化背景的影响。不同专业、不同地区、不同文化背景的大学生在网络使用习惯、行为偏好等方面存在一定差异，表现出多样性和个性化的特点。因此，针对不同群体的网络行为特点和需求，需要制定相应的网络管理策略和教育引导措施，促进大学生的网络行为朝着健康和积极的方向发展。

2.构建思想教育主题网站的重要性

（1）与大学生建立联系

随着互联网的普及和信息化技术的发展，大学生群体日益习惯于利用网络平台获取信息、交流思想。因此，搭建一个专门的思想教育主题网站，成为与大学生进行直接沟通和联系的重要途径。

首先，思想教育主题网站可以通过发布各类教育资源、开展线上活动等方式，提供丰富多彩的教育内容，满足大学生多样化的学习需求。网站可以定期更新最新的政治理论、党史知识、社会热点等内容，为大学生提供丰富的学习资源和知识服务。同时，思想教育主题网站可以通过组织线上辩论、主题讲座、学习分享等活动，激发大学生的学习兴趣和参与热情，促进思想教育工作的深入开展。

其次，思想教育主题网站可以借助网络平台的互动性和参与性，与大学生进行双向沟通和交流，通过设立在线论坛、开设评论区、建立社交媒体账号等方式，网站可以与大学生建立直接的互动渠道，听取他们的意见和建议，了解他们的需求反馈，及时调整和优化教育服务，以提高教育工作的针对性和实效性。

最后，思想教育主题网站还可以利用数据分析和用户调研等手段，深入了解大学生的学习习惯、兴趣爱好、心理需求等方面的信息，为个性化教育服务提供参考依据。通过精准推送和个性化定制等方式，让每位大学生都能够获得符合自身需求的教育内容和服务，提高教育工作的贴近度和有效性。

（2）提高思想教育的有效性

思想教育主题网站作为提高大学生思想教育有效性的重要工具，具有诸多优势和功能。

首先，网站可以提供多种教育资源，包括时事热点等内容，覆盖思想教育的多个方面，满足了大学生不同层次的学习需求。

其次，网站可以组织丰富多彩的线上活动，如网络辩论等，通过具有互动性和参与性的活动形式，吸引大学生的注意，提高他们的学习兴趣和参与热情。

再次，网站可以借助先进的技术手段，如个性化推荐等功能，对大学生的学习行为和需求进行深入了解，为其提供个性化的教育服务，提高教育的针对性和实效性。

最后，网站可以建立与大学生直接沟通的渠道，通过在线问答、意见反馈等方式，及时了解大学生的需求和反馈，优化教育服务，不断提高教育的质量和效果。思想教育主题网站通过上述方式，能够有效提高大学生思想教育的有效性，促进其全面发展。

3. 思想教育主题网站的建设与发展

（1）优化网站内容和功能

优化思想教育主题网站的内容和功能是提高网站吸引力和实用性的关键一环。

首先，针对大学生的学习需求，网站应该提供多样化、丰富的内容资源。除了政治理论和党史知识，还可以涵盖时事热点、国际政治、公民道德等方面的内容，以满足不同大学生的学习兴趣和需求。

其次，网站可以引入在线测试和测评功能，让大学生可以通过测验了解自己的政治素养水平，从而激发其学习的动力和兴趣。此外，建立交流论坛和社群功能也是重要举措之一，大学生可以在网站上进行思想交流、经验分享和问题讨论，促进大学生之间的互动和学习氛围的形成。

再次，为了增加网站的吸引力和趣味性，可以考虑引入在线课程、学习活动、政治漫画等多种形式的内容，让大学生在学习政治知识的同时，能够感受到学习的乐趣和成就感。

最后，定期更新网站内容，及时反馈用户的意见和建议，不断优化网站的功能和体验，是保持网站活跃度和吸引力的重要手段。综上所述，通过优化网站的内容和功能，可以提高思想教育主题网站的实用性和吸引力，更好地为大学生提供优质的学习服务和体验。

（2）提高用户体验和服务质量

提高用户体验和服务质量是构建思想教育主题网站的重要任务之一。

首先，优化网站的界面设计至关重要。一个简洁、清晰、易于导航的界面可以提升用户的浏览体验，降低用户的学习成本，增强用户的满意度。

其次，提升网站的访问速度至关重要。快速的加载速度可以减少用户的等待时间，提高用户的访问效率，提高用户的使用体验。

再次，加强用户反馈机制是提升服务质量的关键。网站可以通过设置用户反馈按钮、建立在线客服系统等方式，及时收集用户的意见和建议，了解用户的需求和诉求，及时调整和改进网站的内容和功能，提升用户的满意度和忠诚度。

最后，建立完善的用户服务体系是提升服务质量的有效途径。网站可以通过建立用户服务中心、提供在线帮助文档、设立问题解答社区等方式，为用户提供全方位、多渠道的服务支持，提高用户的满意度和信任度。

综上所述，加强用户体验和服务质量管理，可以提升思想教育主题网站的品牌形象和用户满意度，增强网站的吸引力。

（二）网络平台的交互性与参与性

1.网络平台的交互性特点

（1）实时互动功能

首先，实时互动功能使用户之间可以即时交流和互动。在大学生日常生活中，这种即时性的交流方式极大地方便了他们的社交活动和学习交流。通过在线聊天、即时通信等功能，大学生可以随时随地与同学、老师及其他社会成员沟通，讨论学术问题，交流心得体会，这种便利性极大地提高了信息传递的效率。

其次，实时互动功能有助于构建良好的学习氛围。大学生在学习过程中经常会遇到各种问题，而实时互动功能可以使他们能够及时向老师、同学请教，获得及时的帮助和反馈。例如，在线课堂讨论、学术论坛交流等方式，都可以借助实时互动功能，让大学生在学习上得到更多的支持和指导，从而提高学习效率，促进学术交流与合作。

最后，实时互动功能还有助于促进大学生之间的社交互动和情感交流。在网络平台上，大学生可以通过实时聊天、视频通话等方式，更加直观地了解彼此的情况，增进彼此之间的了解和信任。这种社交互动不仅可以拓展大学生的人际关系网络，还有助于培养他们的交际能力和团队合作意识。

（2）多元化的互动方式

首先，网络平台提供了多种多样的互动方式，包括文字、图片、视频、音频等形式。这种多样性为用户提供了丰富的选择空间，用户可以根据自己的喜好和需求选择适合的互动方式。例如，对于喜欢文字表达的用户，可以通过发帖、评论等方式进行交流和互动；对于喜欢图像表达的用户，可以通过图片、图表等形式展示自己的观点和想法；对于喜欢视频和音频表达的用户，可以通过上传视频、录制音频等方式分享自己的见解和经验。这种多元化的选择性不仅丰富了用户的互动体验，还能够满足不同用户群体的需求，提高用户的参与度和满意度。

其次，多元化的互动方式使交流和学习更加立体和全面。通过文字、图片、视频、音频等不同形式的互动方式，用户可以更加全面地了解和理解信息，从而促进了交流和学习的深入和扩展。例如，用户可以通过文字表达自己的观点和看法，通过图片展示自己的经历和成果，通过视频和音频分享自己的经验和故事，这种多元化互动方式不仅丰富了信息的表达形式，还提高了信息的吸收和理解效果，从而使交流和学习更加深入和有效。

最后，多元化的互动方式还有助于促进用户之间的情感交流和社交互动。通过不同形式的互动方式，用户可以更加直观地了解彼此的情感和想法，增进彼此之间的了解和信任，促进情感交流和社交互动。例如，用户可以通过文字表达自己的情感和心情，通过图片展示自己的生活和经历，通过视频和音频分享自己的故事和经验，这种多元化互动方式不仅拓展了用户之间的交流渠道，还加深了彼此之间的情感联系，促进了社交关系的建立和维护。

2. 网络平台的参与性特点

（1）用户参与的广泛性

首先，网络平台的开放性和自由性使得用户参与的门槛较低。与传统的媒体和社交渠道相比，网络平台更加开放、自由，几乎任何人都可以在网络平台上表达自己的观点和看法，发表自己的文章和作品。大学生作为网络平台的重要参与者之一，通过简单的注册或登录操作，就能够发表自己的观点，分享自己的经验，与其他用户进行互动。

其次，大学生可以通过多种方式积极参与网络交流。网络平台提供了多种参与方式，包括参与讨论、发布文章、发表评论、点赞、转发等。大学生可以根据自己的兴趣和需求选择适合的参与方式，参与各种话题的讨论和交流，分享自己的见解和观点，获取他人的反馈和建议。通过积极参与网络交流，大学生不仅能够扩展自己的人际关系网络，还能够提高自己的表达能力和沟通能力，促进个人成长和发展。

最后，网络平台的广泛性参与还有助于信息更加多元化和立体化。大学生作为网络的重要参与者之一，通过参与网络交流，能够了解到来自不同地区、不同背景的人们的观点和看法，获取更加丰富和多样化的信息资源。这种多元化的信息交流不仅能够拓宽大学生的视野，还能够促进思想的碰撞和交流，为个人的学习和成长提供更加广阔的空间。

（2）鼓励用户参与的机制

网络平台通过设置各种奖励机制和互动活动，鼓励用户积极参与平台的交流和互动。例如，发布优质内容可以获得积分或奖励，参与线上活动可以获得礼品或优惠等，这些都能够有效激发用户的参与热情。

3. 构建思想教育主题网站的意义

（1）激发大学生学习兴趣

首先，网络平台可以通过设置积分制度来鼓励用户参与。用户在平台上发布优质内容、参与讨论、点赞、转发等行为可以获得相应的积分，积分可以用于兑换礼品、提升用户等级等。这种积分制度能够有效激励用户的参与热情，增加用户在平台上的活跃度和黏性，促进平台交流和互动的深入开展。

其次，网络平台可以通过举办各种互动活动来鼓励用户的参与。例如，举办线上话题讨论、投票活动、问答竞赛等，邀请用户参与其中，用丰厚的奖品或礼品作为奖励，这样的活动不仅能够增加用户的参与度，还能够吸引更多的用户关注和参与，扩大平台的影响力和知名度。

最后，网络平台可以通过设置用户排行榜、优秀用户推荐等机制来表彰和奖励优秀的用户。用户在平台上积极参与、贡献优质内容的行为可以被平台识别和表彰，这不仅能够激励用户的参与热情，还能够树立平台的良好形象，提升用户对平台的信任度和认可度。以上激励措施用于高等学校思想教育主题网站的建设，可以激发大学生的参与热情，激发大学生的学习兴趣，促进大学生思想教育工作顺利开展。

（2）促进思想交流和碰撞

首先，网络平台的开放性和自由性为思想交流和碰撞提供了广阔的空间。在网络平台上，任何人都可以自由发表自己的观点和看法，无论是政治、经济、文化还是社会等领域的话题，都能够在网络上得到充分的讨论和探讨。大学生作为网络的重要参与者之一，可以通过参与各种讨论，与他人展开深入交流，分享自己的见解和观点，倾听他人的意见和建议，从而促进思想的交流和碰撞，丰富自己的思维，拓展个人的认识。

其次，网络平台的多样化和多元化为思想交流和碰撞提供了丰富的资源和渠道。在网络平台上，用户可以通过文字、图片、视频、音频等多种形式进行表达和交流，可以参与各种话题的讨论和争论，可以与来自不同地区、不同背景的人们进行交流和互动。这种多样化和多元化的交流方式不仅能够满足用户不同形式的交流需求，还能够促进思想的交流和碰撞，使不同观点和看法得以充分表达和交流，为思想的碰撞和交流提供了丰富的资源和渠道。

（3）提高思想教育的深度和广度

首先，构建思想教育主题网站能够扩大思想教育的覆盖面。传统的思想教育往往受制于时间、空间和人力资源等，无法覆盖到每一个大学生，而网络平台可以将教育内容传播到全国乃至全球，这种传播不受地域限制。同时，大学生可随时通过各种网络平台获取丰富多样的思想教育内容，可根据个人喜好选择思想教育内容的讲解者。因此，构建思想教育主题网站有助于提高思想教育的覆盖面和影响力。

其次，构建思想教育主题网站能够增加思想教育的深度。网络平台具有开放性和自由性，大学生可以自主选择学习的内容，自主决定是否参与讨论以及讨论的深度等。通过在网站上设置专题讨论、线上讲座、精品课程等，解读时事热点、探讨社会问题，有助于引导大学生深入思考、理性表达，提高教育的深度。

最后，构建思想教育主题网站可以促进思想教育资源的共享和整合。网络平台有助于集聚各种优质的教育资源，包括文字、图片、视频、音频等内容，以及教师、学者等人力资源，为大学生提供丰富多样的学习内容。同时，大学生可以在网站分享自己的学习心得和体会，这样有助于形成良性交流氛围，促进教育资源的共享和传播。

（三）营造健康的网络文化氛围

1. 传播正能量和健康思想

（1）内容创作与推广

首先，应鼓励和支持创作者生产积极向上、充满正能量的内容，如励志故事、科学知识、文化艺术等，满足大学生对高质量文化内容的需求。其次，应在内容创作中融入社会主义核心价值观和时代主题，引导大学生形成正确的世界观、人生观、价值观。最后，应利用多样化的网络平台和社交媒体，扩大优秀网络文化内容的传播，增强其影响力和覆盖面。

（2）监管与规范

网站应加强内容审核机制，对网站上的内容严格把关，确保信息健康、积极，以维护网络秩序、保护用户权益和提升网站信誉等。国家和相关部门应继续完善关于网络的法律法规体系，为健康网络文化的传播提供坚实的法律保障。中央网信办、公安机关及网站等应加大力度清理网络空间中的负面信息和违法违规内容，保护网络环境清朗。

（3）互动与反馈

为了营造一个健康的网络交流氛围，我们积极建立多种形式的互动平台，鼓励大学生积极参与讨论，以形成良好的交流互动氛围。同时，我们要关注大学生的反馈和需求，及时调整和优化内容供给，以提高网络文化的吸引力和针对性。此外，我们还应培养和扶持一批有影响力的网络人物，引导网络舆论，促进健康网络文化的传播。

2.树立正确的网络价值观和行为规范

（1）加强网络素养教育

为了树立正确的网络价值观和行为规范，高等学校应加强网络素养教育，并将之纳入学校课程，以确保每个人都能接受到系统的网络素养教育。这不仅包括教授基本的网络安全知识，例如如何设置密码、识别和防范网络诈骗，还包括深入讨论网络道德和法律问题，比如如何防止网络欺凌、尊重他人版权和隐私。

高等学校还需要与家庭、教育机构和社会组织密切合作，共同创建一个支持网络素养教育的环境，以为大学生做好榜样，帮助大学生建立起积极、健康的网络使用习惯。此外，政府和非政府组织可以开展公共宣传活动，提高大学生对网络素养重要性的认识，促进全社会的网络文明建设。

高等学校还应利用现代技术，如人工智能和虚拟现实，创新网络素养教育的方法和途径。通过开发互动性强、富有吸引力的教育游戏和应用，可以让学习过程更加生动有趣，从而提高大学生学习的有效性和参与度。

（2）完善立法规范

为了树立正确的网络价值观和行为规范，我们应完善相关法律法规、加强监管和执法，以确保网络空间的清朗和健康。

一方面，我们需要不断更新和完善与网络相关的法律法规。这包括对网络安全、数据保护、知识产权、网络欺凌等问题设立明确的法律框架，为网络行为设定清晰的界限。通过法律的制定和修订，可以有效地规范网络行为，防止和减少网络犯罪和不良行为的发生。

另一方面，加强监管和执法是保障网络法律法规得到贯彻执行的关键。我们要建立专业的网络监管队伍，利用先进的技术手段，加强对网络行为的监控和管理。对于违法行为，应当依法快速、严格地进行处理，对违规者进行处罚，以起到警示和震慑作用。同时，加大对网络违法犯罪的打击力度，保护网民的合法权益不受侵犯。

（3）利用技术手段

为了树立正确的网络价值观和行为规范，我们应积极利用技术手段。例如，通过开发和应用先进的信息过滤技术，有效识别和屏蔽不良信息，保护网络环境；建立网络信用记录系统，对网络行为进行评价和记录，形成激励和约束机制；利用大数据分析和人工智能技术，及时发现网络风险和不良趋势，采取预防措施。

第二节　大学生思想教育主题网站建设的基本导向

大学生思想教育主题网站建设的基本导向是以习近平新时代中国特色社会主义思想为指导，坚持立德树人根本任务，强化理论武装，推动思想教育与时俱进，培养时代新人。

在全球化和信息化的大背景下，大学生思想教育主题网站建设不仅需要适应社会变革和科技发展的趋势，更要立足我国的国情，确保传播的内容符合国家的核心价值观和发展战略。在当今社会，习近平新时代中国特色社会主义思想是对马克思列宁主义、毛泽东思想、邓小平理论、"三个代表"重要思想、科学发展观的继承和发展，是当代中国马克思主义、二十一世纪马克思主义，是中华文化和中国精神的时代精华，是党和人民实践经验和集体智慧的结晶，是中国特色社会主义理论体系的重要组成部分，是全党全国人民为实现中华民族伟大复兴而奋斗的行动指南，必须长期坚持并不断发展。习近平新时代中国特色社会主义思想是指导中国发展的行动纲领，也是大学生思想教育网站建设的根本遵循。

首先，大学生思想教育主题网站应坚持立德树人根本任务。这意味着大学生思想教育主题网站建设需要围绕培养具有良好道德品质、理想信念坚定、全面发展的社会主义建设者和接班人展开。通过设立专题栏目，如"理论学习""红色传承"等，可以将习近平新时代中国特色社会主义思想融入大学生思想教育主题网站内容中，使之成为大学生学习的重要平台。

其次，强化理论武装是大学生思想教育主题网站的重要职能。当前，面对大学生对理论学习兴趣不浓、学用脱节等问题，大学生思想教育主题网站应提供丰富多样的学习资源，包括在线讲座、互动问答等，以增强网站的吸引力和实用性，激发大学生的参与热情。大学生思想教育主题网站还应及时更新，反映党的最新理论创新成果，推动学习贯彻走深走实。

最后，大学生思想教育主题网站应积极推动思想教育与时俱进。在信息时代，大学生思想教育主题网站要充分利用现代信息技术手段，如大数据、人工智能等，进行内容推荐和个性化学习路径设计，使理论学习更加贴合用户需求。同时，通过社交媒体等渠道，拓展网站的受众范围，增强其社会影响力。

总的来说，思想教育主题网站建设的基本导向应紧密围绕习近平新时代中国特色社会主义思想，通过创新方式和手段，不断增强思想教育的吸引力和实效性，为培养时代新人做出积极贡献。

第三节　大学生思想教育主题网站的内容建设

本节要解决的问题是，在网络中，用什么理论、思想和知识来培育大学生。从网络思想教育的角度来看，大学生思想教育主题网站的内容建设是大学生思想教育主题网站建设的核心和灵魂。

广义上说，凡是能够通过网络传播的有利于培养时代新人的知识、思想和理论及相关教育活动都可以作为大学生思想教育主题网站的内容。教育任务内在规定的丰富性以及教育对象素质发展的多元性，决定了大学生思想教育主题网站的内容应该是全面的、广泛的和具体的。即其内容应该包括世界观、人生观和价值观教育，尤其是社会主义核心价值观教育；党的基本路线、方针、政策教育；爱国主义、集体主义和社会主义教育；社会公德、职业道德、家庭美德教育；中华优秀传统和改革开放创新精神教育。从知识体系与学科分类看，其应该包括思想教育内容、法治教育内容、伦理教育内容、心理教育内容等。在大学生思想教育主题网站内容建设的过程中，这些内容的具体设置和运用必须遵循一定的原则和要求。

一、大学生思想教育主题网站内容建设的原则

大学生思想教育主题网站内容建设的原则，受思想教育的目标和任务所制约，是指导构建和设置大学生思想教育主题网站具体内容的基本准则。根据思想教育的根本目标和任务，以及在网络上实施思想教育的客观规律和特点，大学生思想教育主题网站的内容建设必须遵循以下原则和要求。

（一）坚持社会主义方向

坚持社会主义方向是思想教育的核心原则，无论是传统思想教育还是网络思想教育都应当紧密围绕这一原则展开。大学生思想教育主题网站内容建设也必须坚持社会主义方向。我们的目标是培养社会主义、共产主义事业的接班人。因此，在网络上对大学生进行正确的教育是至关重要的。这种教育涵盖了世界观、人生观、价值观、伦理教育、心理教育等方面，旨在提高网络受众的教育觉悟、认知能力、道德水平和心理素质，使其具备抵御负面信息和西方敌对势力网络渗透的能力，并树立坚定的为人民服务的立场。

建设大学生思想教育主题网站的目的是更好地实施网络思想教育，保持社会主义思想的主导地位，共同致力于培养时代新人。因此，大学生思想教育主题网站的内容建设必须体现明确的社会主义方向性，确保党的基本路线、方针、政策不动摇。如果任由资本主义思想、封建迷信思想渗透我们的网站，那么我们的网络思想教育就会迷失正确的方向，无法同西方资本主义敌对势力抗衡，

从而给培养社会主义"四有"新人造成不利影响。

（二）注重教育的思想性

注重教育的思想性是思想教育的重要原则，不论是在传统思想教育中还是在网络思想教育中都具有重要意义。在建设大学生思想教育主题网站的内容时，思想性是内在要求之一。这意味着网站上的内容必须具有正确的思想性，能够激发大学生的进取精神，促使他们追求高尚品质，而不能是消极、低俗的内容。否则，大学生思想教育主题网站就会丧失其应有的本质。在这种情况下，培养时代新人的目标也将难以实现。

作为一个开放的信息系统，网站上难免会出现一些有害或有毒的信息。因此，除了在大学生思想教育主题网站的内容建设上坚持思想性原则，还要从源头上杜绝有害或有毒信息。这意味着我们需要建立网络"清洁工"队伍，及时清除网站上的有害信息，确保网站内容在思想上的纯洁性和健康性。

（三）坚持创新性与可读性、服务性、指导性、权威性相结合

大学生思想教育主题网站的内容建设应当兼顾创新性与可读性、服务性、指导性和权威性，这是保持网站活力和吸引力的重要途径。网站内容要通俗易懂，同时要能够体现面向现代化、世界化和未来化的精神。网站内容应当致力于培养网络技术娴熟、理论知识丰富、管理能力强大、创新能力突出的时代新人。

对于那些只有知识而缺乏专业技能和创新能力，以及只有"灵活"的头脑但缺乏坚定的社会主义立场的人来说，在网络时代面临的挑战会更加严峻。如果大学生思想教育主题网站缺乏创新性、可读性、服务性、指导性和权威性的内容支撑，其吸引力将大打折扣，教育效果也不会理想。特别是大学生的求新心理十分强烈，在信息时代，他们的这种心理如果无法在正常渠道得到满足，就很可能另辟蹊径，从而增加背离社会主义方向的可能性。大学生由于心理尚未完全成熟，辨别能力较弱，容易受到负面和消极内容的诱惑和影响，因此大学生思想教育主题网站的内容建设必须综合考量，以确保网站在教育引导上的有效性和权威性。

（四）坚持以正面为主，破立结合

在构建大学生思想教育主题网站内容时，我们必须坚持以正面为主，同时进行破立结合的工作。"正面"意味着我们要发出中国好声音，鲜明地高唱社会主义、爱国主义、集体主义的主旋律，以此与西方资本主义国家争夺网络思想阵地；要积极宣扬社会主义的科学之声、真理之声、正义之声，塑造社会主义网络新风尚。同时，我们需要勇于应战，敢于针锋相对地驳斥西方资本主义的错误观点和腐朽思想。这种"破"的工作是为了更好地"立"，即是为了为大学生提供真实可信的思想教育内容，助力培养更多的时代新人。

大学生思想教育主题网站必须为实施网络思想教育提供有效的支持。只有通过不懈的努力，才能够确保网站内容的积极向上，有效推动社会主义核心价值观在网络上的传播。

二、大学生思想教育主题网站内容建设的要求

在信息时代，网络已成为大学生获取信息、交流思想的重要平台，对他们的学习、生活和思想观念产生广泛而深刻的影响。因此，大学生思想教育主题网站的内容建设应具备导向性、针对性、互动性和时效性。

（一）导向性

大学生思想教育主题网站的内容建设要遵循导向性原则，这主要是因为，作为信息传播的重要渠道，大学生思想教育主题网站的内容建设直接影响到大学生的思想观念和价值取向。因此，遵循导向性原则，就是要确保网站内容健康向上，符合社会主义核心价值观，能够引导大学生树立正确的世界观、人生观和价值观。

要实现这一目标，大学生思想教育主题网站的内容建设要做到以下几点。

1. 坚守社会主义核心价值观

首先，社会主义核心价值观是在中国特色社会主义实践中形成并被广泛认同的价值理念，它们代表着社会主义先进文化的前进方向。大学生思想教育主题网站要提供明确的核心价值观的内涵，以深化大学生对其的理解。其次，大学生思想教育主题网站要加强社会主义核心价值观的教育与传承。通过设置专

栏,定期发布与之相关的文章、视频、图片等,以生动、贴近生活的方式宣传社会主义核心价值观。最后,大学生思想教育主题网站要积极推动社会主义核心价值观的实践与践行。通过开展实践活动、树立典型榜样等,激发大学生学习先进、追赶先进的积极性,促使他们自觉践行社会主义核心价值观。

2. 加强法律与道德教育

法律与道德教育旨在培养大学生遵纪守法、诚实守信、崇尚正义、尊重他人的品质。通过法律与道德教育,可以使大学生深入理解法律与道德在维护社会秩序、促进社会和谐中的重要作用,并自觉将其内化为个人行为准则。因此,大学生思想教育主题网站要整合法律与道德教育内容,系统传播法律知识和道德理念,宣传道德模范,并以丰富的形式,如案例分析、情景模拟等,增强法律与道德教育的生动性和实效性。

大学生思想教育主题网站还应积极营造良好的法律与道德教育环境。如通过定期举办法律知识竞赛、道德讲堂等活动,提高大学生的法律意识和道德观念;通过设立法律与道德奖项,表彰在法律与道德方面表现突出的个人和集体等。

3. 关注实时反馈

建立有效的内容监管与反馈机制,对网站内容进行定期评估,及时调整更新策略,确保内容的时效性和针对性。

遵循导向性原则不仅是内容建设的起点,也是衡量其成效的关键。只有当网站的内容建设坚持正确方向,才能为大学生的健康成长提供有益的支持。

(二)针对性

在当今信息爆炸的时代,互联网已经成为大学生获取信息和知识的主要渠道之一。因此,建设一个内容丰富、形式多样、具有针对性的大学生思想教育主题网站不仅能够有效传播社会主义核心价值观,还能增强思想教育的吸引力和感染力。

一方面,大学生思想教育主题网站的内容要贴近大学生的生活实际和思想实际。例如,针对大学生普遍关心的就业压力,网站可以设置"职场前瞻"专栏,提供就业指导、行业分析、面试技巧等;针对大学生的心理问题,网站可以设立"心理驿站"板块，讨论情绪管理、人际交往等心理健康相关话题。通过这些与大学生生活紧密相关的专栏，网站能够更好地吸引大学生的关注。

另一方面，大学生思想教育主题网站的内容要多样化，除了文字描述外，还可以采用视频、音频、动画等形式，以适应不同大学生的学习习惯。例如，制作系列微电影来讲述校园故事，传播正能量；开发互动小游戏，通过游戏化的方式传授思想教育内容。这样的多样化内容能够增加网站的趣味性，提高大学生的参与度。

（三）互动性

构建一个具有高度互动性的大学生思想教育主题网站对于引导和教育大学生具有重要意义。通过设置多元化的互动环节，鼓励大学生积极参与，不仅可以增强大学生思想教育主题网站的吸引力，还可以通过互动交流促进大学生的思想成长和知识积累。

1. 设置讨论区

大学生思想教育主题网站应设置讨论区，鼓励大学生就时事政治、社会热点等问题发表见解，开展在线讨论。通过这样的方式，能够提升大学生的思辨能力，也能加深大学生对国家政策方针和社会主义核心价值观的理解。

2. 定期举办网络座谈会或在线访谈

大学生思想教育主题网站可以定期举办网络座谈会或在线访谈，邀请专家学者与大学生进行面对面的交流。这种形式直接、互动性强，能够针对大学生关心的问题提供专业的解答和指导，增强大学生的参与感和获得感。

3. 开设"心得分享"板块

大学生思想教育主题网站还可以开设"心得分享"板块，允许大学生撰写学习体会、生活感悟等文章，并公开展示。优秀文章的作者可以被定期表彰，以此激励更多大学生参与写作和分享，形成积极向上的网络文化氛围。

（四）时效性

在快速变化的信息时代，大学生对新鲜事物和即时信息的需求日益增强。及时更新大学生思想教育主题网站的内容才能够保证信息的新颖性和相关性，从而吸引更多的大学生访问和参与。同时，及时更新的内容能够更好地反映社会动态和政策导向，帮助大学生形成正确的世界观和价值观。

首先，大学生思想教育主题网站需要设立专门的新闻更新板块，及时发布国内外重要新闻、校园新闻以及与大学生生活密切相关的政策变动。这些信息要及时、准确，确保大学生能够第一时间获取重要资讯。

其次，针对热点事件和时事政治问题，大学生思想教育主题网站可以组织在线讲座或论坛，邀请专家学者进行深入分析和讨论。这样不仅能够满足大学生对知识的需求，还能激发他们对公共事务的关心和思考。

最后，大学生思想教育主题网站可以利用大数据分析和人工智能推荐技术，根据大学生的浏览习惯和兴趣点推送相关内容，提高内容的个性化和时效性。

大学生思想教育主题网站的内容建设应遵循导向性、针对性、互动性和时效性的原则，通过丰富多样的教育内容，引导大学生健康成长，为培养社会主义合格建设者和可靠接班人贡献力量。

三、构建大学生思想教育主题网站的内容体系

围绕大学生思想教育的目标和任务，根据大学生思想教育主题网站内容建设的原则和要求，着力构建适合当代大学生身心特点的主题网站内容体系，是思想教育工作者适应时代潮流，不断推进网络思想教育创新发展的重要任务之一。针对当代大学生的共性，大学生思想教育主题网站的内容体系建设可以归纳为网络思想教育、网络法治教育、网络心理教育、网络伦理教育、网络国情与形势教育、网络人文科学知识教育、网络中华优秀传统文化教育七个方面。这七个方面的内容相互联系、相互渗透和相辅相成。在这一内容体系中，网络思想教育是先导，它渗透在其他教育之中，起着根本性的指导作用；网络心理教育是基石，对其他教育发挥着基础性作用；网络法治教育和网络伦理教育是重点，是主要内容；网络国情与形势教育、网络人文科学知识教育和网络中华优秀传统文化教育是辅助。

1.网络思想教育

网络思想教育在信息时代具有极其重要的意义。它不仅是一种教育手段，更是一种思想武器。通过互联网平台传播马克思主义、中国特色社会主义理论

体系等，引导广大学生树立正确的世界观、人生观和价值观，是当前思想教育的重要方向之一。

首先，在网络思想教育中，加强马克思主义教育尤为重要。以《共产党宣言》《资本论》等马克思主义经典著作为指导，引导大学生深入学习马克思主义理论，坚定对马克思主义的信仰和对社会主义的必胜信念。例如，在大学生思想教育主题网站上，可以开设专门的马克思主义理论研究课程，通过在线讨论、阅读材料、作业任务等形式，引导大学生深入理解和掌握马克思主义的核心观点，从而提高其对社会主义事业的认同和拥护。其次，网络思想教育应该弘扬科学精神，提高大学生识别、抵制和反对伪科学和封建迷信的能力。例如，在大学生思想教育主题网站上开设科学常识课程，介绍科学方法论、科学原理和科学精神，让大学生了解科学是如何解释世界、改变世界的，从而增强其对科学的信任和尊重，提高其辨别真假、善恶的能力。最后，网络思想教育还应着力促进大学生解放思想，培育创新思维和能力。例如，在大学生思想教育主题网站上开设创新创业课程，教授创新思维方法、创新实践技能和创新项目管理知识等，激发大学生的创新潜能，培养他们解决问题、创造价值的能力。

2. 网络法治教育

随着互联网的普及和发展，网络法治教育的重要性日益凸显，尤其在大学生思想教育主题网站中，其作用更为突出。

网络法治教育旨在通过网络平台和各类新媒体，普及法律知识，宣传法律法规，弘扬法治精神，培养大学生形成强烈的法治意识，促使大学生自觉遵纪守法，保持网上和线下行为的一致性和合法性。这不仅是依法治国的迫切需要，也是实施依法治国方略的基础性工程。

在网络法治教育中，首先，要系统介绍社会主义法制体系，通过案例分析和现身说法等形式，让大学生深刻感受法律的力量和作用，从而使他们"知法"；其次，要传播法理知识，包括社会主义法制的基本原则和精神，让大学生了解法的内涵和要义，树立起守法和依法办事的自觉意识；再次，要通过网络开展法律服务，培养大学生运用法律的基本技能，提高他们的法律素养；最后，要开展依法治国教育，营造法治的网络环境，树立敬畏法律、遵纪守法的社会主义法治新风尚。

3. 网络心理教育

网络心理教育是针对当前大学生面临的学业、就业、创业等压力所引发的心理问题而开展的一项重要网络教育。网络心理教育旨在通过心理学、教育学等方面的原理，利用大学生思想教育主题网站等平台向大学生提供心理辅导、心理训练和心理咨询等服务，帮助大学生化解心理矛盾、减少心理冲突、缓解心理压力，从而保持良好的心理状态，促进其全面发展。

为了实现这一目标，大学生思想教育主题网站应当呈现与心理教育相关的内容。例如，可以在大学生思想教育主题网站上设立网上心理诊所或网络心理咨询热线，在线帮助有需求的大学生解决心理问题；可以通过对大学生的心理健康情况进行线上调查和分析，并基于调查和分析的结果，向大学生传授预防和克服心理障碍、心理疾病的知识和方法，提供心理辅导、心理训练等活动，以帮助大学生克服各种心理问题，保持积极向上的心态，增强心理韧性和抗压能力。

4. 网络伦理教育

信息技术在为人们带来便利的同时，也加剧了网络伦理风险。网络伦理教育是一种旨在培养大学生在网络上遵守和践行良好道德行为规范的教育。其目标是通过介绍和传播网络伦理的兴起与发展、相关的基本概念和特点、基本框架等知识，提高大学生对网络伦理的总体认知，使大学生能够判断网络伦理的是非，使大学生能够自觉抵制网络伦理失范现象，养成遵守网络伦理的良好习惯。

网络伦理教育对于大学生来说尤为重要，这不仅关系到个人的道德修养和职业发展，还关系到整个网络环境的秩序与和谐。

第一，大学生时期是个人道德观念和价值体系形成的关键时期。网络伦理教育可以帮助大学生树立正确的网络行为准则，提升个人道德修养。例如，在大学生思想教育主题网站上，大学生能够学习如何正确处理信息、保护隐私、尊重知识产权，以及如何避免网络欺诈、网络欺凌等不良行为。这些道德规范和行为准则的内化，有助于大学生成为有责任感、有道德感的数字时代公民。

第二，大学生是网络文化的重要创造者和传播者。他们在网络上的行为直接影响网络环境的风气。网络伦理教育可以鼓励大学生自觉抵制低俗、庸俗、不实的网络内容，倡导文明上网，营造一个积极向上、健康有序的网络空间。

第三，网络伦理教育能够增强大学生的社会责任感。在网络社会中，每个人都应当对自己的行为负责。教育大学生在网络上遵守伦理规范，其实也是教育他们如何在现实生活中承担社会责任，如何在全球化背景下成为一名负责任的世界公民。

5. 网络国情与形势教育

在信息时代，网络信息的超国界性使人们可以轻松地获取来自世界各地的信息。然而，这也可能导致人们对自己国家的国情与形势了解不足，甚至淡化国家认同感。因此，开展网络国情与形势教育尤为重要。

第一，网络国情与形势教育有助于大学生树立正确的国家观念和国家认同感。通过向大学生传达国家的发展历程、政治体制、经济发展状况、文化传统等方面的信息，可以增强大学生对国家的认同感和责任感，培养大学生的爱国情怀。

第二，网络国情与形势教育有助于大学生更好地理解国家发展的现状和趋势，从而更好地为社会主义现代化建设做出贡献。通过了解国家的政治、经济、文化等方面的最新发展动态，大学生可以更好地把握国家发展的脉搏，为自己的学习、工作和生活做出更加妥当的安排。

第三，网络国情与形势教育有助于大学生理解社会主义核心价值观。向大学生传达国家的发展理念、社会主义核心价值观等方面的内容，可以引导他们树立正确的人生观、价值观和世界观，培养他们积极向上、奋发向前的精神面貌。

6. 网络人文科学知识教育

网络人文科学知识教育是一种跨学科的教育，旨在通过教授大学生网络技术与人文社会科学相结合的知识，来提升大学生在信息时代的综合素养。这种教育强调技术与人文的融合，注重培养大学生的网络技能、文化理解能力、批判性思维等。

第一，网络人文科学教育重视培养大学生对网络技术的深入理解和应用能力。这包括引导大学生了解网络技术的发展，掌握网络技术的基本操作，以及利用网络技术进行信息收集、分析和创造。

第二，在信息时代，不同文化的交流与碰撞日益频繁。网络人文科学教育鼓励大学生深入理解不同文化背景下的网络交流规则和习惯，培养大学生跨文化交流的能力，促进大学生对文化多样性的尊重与理解。

第三，网络信息的提供者和制造者并不一定都是专业人士，因此网络信息的真实性和准确性常常受到质疑。网络人文科学教育强调培养大学生的批判性思维，以使他们能够独立分析、评价网络信息的可靠性，形成理性的判断，并在此基础上做出明智的决策。

第四，网络人文科学教育鼓励大学生培养终身学习的态度，适应快速变化的新时代。大学生应持续更新自己的知识库，不断学习新的网络技术和人文社会科学知识，以保持适应能力和竞争力。

7. 网络中华优秀传统文化教育

在信息时代，进行网络中华优秀传统文化教育不仅是为了传承和弘扬中华民族的文化精髓，还是为了提升文化自信、促进社会和谐、增强国家"软实力"。

第一，中华优秀传统文化是中华民族的精神根基和文化血脉。进行网络中华优秀传统文化教育可以帮助大学生深入了解中华文化的博大精深，从而增强其民族自信心和自豪感。在全球化背景下，文化自信是维系民族文化独立性和创造性的核心力量。

第二，网络的便捷性为中华优秀传统文化的传播提供了极佳的渠道。通过网络对大学生进行中华优秀传统文化教育，可以加强大学生对中华优秀传统文化的认知，确保文化的代际传承。

第三，中华优秀传统文化的独特魅力是国家"软实力"的重要组成部分。通过网络将中华优秀传统文化推向世界，可以增强中华文化的国际影响力，提升国家形象，促进文化交流与合作。

第四，中华优秀传统文化中蕴含着丰富的道德理念和思想，如仁爱、礼义、和谐等。进行网络中华优秀传统文化教育有助于将这些理念融入现代社会生活，引导大学生树立正确的价值观，促进社会和谐稳定。

第五，随着物质生活水平的提高，人们对于精神文化生活的需求日益增长。网络中华优秀传统文化教育能够满足人们，尤其是大学生多样化、多层次的文化需求，提升其幸福感。

总之，在信息时代，网络能够使中华优秀传统文化焕发新的生命力，对社会和个人的发展都具有不可估量的积极影响。

第八章

加强高等学校学生干部管理，推动思政教育

第一节　学生干部管理工作的重要性

一、学生干部是大学生队伍中的领头羊、排头兵

无论是在班级建设中，还是在校园文化活动中，都能看到高等学校的学生干部队伍。学生干部作为大学生队伍中的领头羊和排头兵，承担着塑造校园文化、引领同学发展的重要角色。

（一）学生干部的引领与示范作用

作为领头羊，学生干部首先需要在思想和行动上做出表率。他们通过积极投身学习和各类校园活动，展现出对学术与生活的饱满热情，影响和带动周围的大学生共同参与，营造出积极向上的校园氛围。

1. 学术领航

在学术领域，学生干部往往是学术探索和科研创新的积极推动者。他们不仅自身具备强烈的求知欲和扎实的学术基础，更是通过实际行动，积极影响和带动周围的大学生共同投身于学术追求。

首先，学生干部通常会积极参与各类课题研究。他们主动寻找指导教师，组织研究团队，从文献检索到实验设计，再到结果分析，每一个环节都力求精益求精。他们的严谨态度和对学术研究的热爱，常常能够鼓舞更多的大学生加入研究队伍，共同探索未知的学术领域。

其次，学生干部在学术竞赛中也展现出了非凡的领导力和团队精神。无论是在数学建模、电子设计，还是在学术论文比赛中，都能见到他们活跃的身影。他们通过自己的努力和成果，向其他大学生展示了学术竞赛的魅力和价值，激励其他大学生挑战自我，超越极限。

最后，学生干部还利用自身的学术成果和影响力，在校园内营造浓厚的学术氛围。他们通过举办学术讲座、研讨会和经验分享会等形式，将自己的学术经历和心得体会与更多的大学生分享，从而激发大家对学术研究的兴趣和热情。在他们的带领下，许多大学生积极参与学术活动，形成了积极向上、勇于探索的学术氛围。

2. 行为示范

学生干部通过自己的实际行动，在遵守校规校纪、展现文明礼仪方面为其他大学生树立了明确的标杆。他们的行为不仅提升了自身的道德修养，也促进了整个大学生群体的道德水平提高，对于塑造和谐、文明、积极向上的校园文化起到了关键的作用。

首先，学生干部始终坚守诚信原则，他们在学术研究中严谨求实，在日常交往中坦诚相待。他们深知信誉的重要性，因此在承诺和行动上保持一致，从不敷衍。这样的行为在其他大学生中树立了诚信的典范，带动大家共同营造一个诚实互信的校园环境。

其次，学生干部总是以谦逊有礼的态度面对教师及学校工作人员。他们在课堂上认真听讲，积极参与讨论，课后主动请教，对老师的指导表示感激。这种尊敬不仅体现在言语上，更体现在行动上，比如主动帮助老师整理教室，热心参与教学活动等。这些行为传达了尊师重教的重要性，带动其他大学生纷纷效仿。

最后，学生干部经常是其他大学生的知心朋友。他们乐于助人，不求回报，当其他大学生遇到困难时，他们总是第一时间伸出援手，给予学业上的辅导或生活上的关怀。他们的同情心和责任感促使他们去关注周围的人，他们的善举如涓涓细流般汇聚，为校园带来温暖和谐。

学生干部通过个人的示范力量，传递着正面能量，引导其他大学生形成良好的道德风尚。他们的行为不断被其他大学生所见证，并影响着他人。在他们的带领下，诚信、尊重、关爱等价值观在学生中传播开来，逐渐形成了一种集体认同和自觉践行的良好风气。

3. 精神引领

在精神文化层面，学生干部不仅是实践者，更是引领者和传播者。他们积极倡导社会主义核心价值观，将其融入校园生活的各个方面，努力构建和谐、积极的文化氛围。通过各种形式和渠道，学生干部致力于培育和弘扬民族精神与时代精神，为大学生队伍注入了不竭的精神动力。

为了传播社会主义核心价值观，学生干部经常组织举办主题教育活动。这些活动内容丰富多样，包括爱国主义教育、集体主义教育、诚信教育等，旨在引导其他大学生内化这些价值观，并将其转化为个人行动的指南。通过观看红色经典电影、参观革命历史博物馆、开展志愿服务等活动，学生干部带领其他大学生在实践中感悟和认同社会主义核心价值观。

此外，学生干部还定期组织举办文化讲座和研讨会，邀请专家学者、优秀校友或社会人士来校分享经验，讲述中华优秀传统文化，以及改革开放以来的发展历程。通过这些讲座，大学生不仅能够增长知识，更能够深刻理解民族精神和时代精神的深刻内涵，从而激发了自身的爱国热情和奋斗意志。

在平时的学习和生活中，学生干部也通过自己的言行举止，践行社会主义核心价值观。他们公正无私，乐于助人，积极参与社会实践，关心社会热点，体现出强烈的社会责任感和历史使命感。这些行为对其他大学生产生了积极的影响，使大家认识到作为新时代的青年，应该怀揣梦想，勇于担当，为国家的发展贡献青春力量。

（二）学生干部的开拓与创新作用

作为排头兵，学生干部在大学的发展进程中担当起探索与实践的重任。他们敢于面对挑战，勇于尝试新鲜事物，带领其他大学生一起走在时代的前沿。

1. 实践先锋

在实践活动中，学生干部经常是最先行动的人。他们积极参与社会实践、志愿服务等，将所学知识与社会实际相结合，锻炼能力，同时鼓励和组织其他大学生加入，以促进实践经验的积累与个人能力的提升。

一方面，学生干部主动寻找或创设实践机会，如参与社区服务、参与支教活动等。他们通过这些活动深入社会，了解民情，体验生活，将课堂上学到的理论知识运用到现实生活中。这不仅使他们对知识有了更深刻的理解，也增强了他们解决实际问题的能力。

另一方面，学生干部还注重反思和总结实践经验。他们通过召开分享会、编写实践报告等方式，分享自己的体会和收获，为其他大学生提供宝贵的经验和启示。这种经验的交流不仅促进了个人的成长，也提升了整个大学生群体的实践能力。

2. 创新尖兵

在创新创造方面，学生干部常常是新观念、新思维的引入者和实践者。他们鼓励其他大学生思考未来，挑战现状，不断在科技创新、社会创业等领域尝试新思路，推动校园文化和科技的蓬勃发展。

一方面，学生干部积极追踪科技前沿动态，主动学习新技术、新方法。他们参与科研项目，加入创新实验室，甚至自主创办创新创业团队，将最前沿的科技应用于实际问题的解决中。他们的实验精神和探索欲望激励其他大学生也投身于科技创新之中，共同推动校园科研氛围的提升。

另一方面，学生干部在社会创业方面也展现出强烈的引领意识。他们关注社会发展需求，发起和参与各类创业比赛和社会实践活动，将创新理念转化为具体行动。通过搭建校园创业平台、举办创业讲座和工作坊，学生干部为有志于创业的其他大学生提供支持和帮助，激发了其他大学生的创业热情，培育了校园创业文化。

3. 改革倡导者

面对校园及学生工作中存在的问题和不足，学生干部敢于提出建设性意见，并主动参与改革实践。他们通过学生会等渠道，为校园的改善和发展献计献策，发挥排头兵的先锋模范作用。

学生干部在大学生队伍中扮演着领头羊和排头兵的角色，不仅对于个人的全面发展，也对整个大学生群体产生了深远的影响。通过引领与示范、开拓与创新，他们为大学生活注入了活力，带动了其他大学生的发展。学生干部的这些积极作用，值得每一位大学生尊敬和学习，促使大学生群体共同为构建和谐校园、推动社会进步贡献力量。

二、学生干部作为学生与教师沟通的桥梁和纽带

在现代教育体系中，有效的沟通是促进教学与学习效果的关键。学生干部在加强师生互动、促进相互理解方面，扮演着重要的角色。他们不仅是大学生群体中的佼佼者，更是维系师生关系的重要桥梁和纽带。

（一）桥梁和纽带的作用

学生干部通常具有较高的责任感和较强的组织能力，他们能够有效地传达大学生群体的意见和需求，也能准确无误地将教师的指导和期望反馈给大学生群体。通过这种双向的信息传递，学生干部确保了教学活动的顺利进行和学校决策的有效执行。

1. 信息传递的渠道

作为信息传递的渠道，学生干部在促进师生之间的沟通中扮演着至关重要的角色。他们不仅及时将大学生群体的意见、建议和反馈转达给教师，还帮助教师更深入地了解大学生群体的需求和期望。同时，他们将教师的教学意图和学校的各项规定传达给大学生，确保每位大学生都能够明确知晓并遵循学校的指导方针。

一方面，学生干部通过定期收集其他大学生的意见和建议，将这些信息整理后反馈给教师。这些反馈涉及课程安排、教学内容、教学方法及学校设施等多方面。其目的是帮助教师从大学生的视角审视教学过程，发现存在的问题，并做出相应的调整。这样的信息流通不仅提升了教学效果，也让大学生感受到被重视，进而激发他们对学习的热情和积极性。

另一方面，学生干部还将教师的教学意图和学校的相关规定传达给学生。在这一过程中，他们确保信息的准确无误，并采用易于理解和接受的方式向其他大学生解释，比如通过班会、布告栏或校园网络平台等多种渠道。这样不仅保证了其他大学生能清楚知晓学校的规定和教师的期望，还有助于营造一个规范有序的学习环境。

通过这种双向的信息传递机制，学生干部有效地缩短了师生之间的信息鸿

沟，增强了彼此之间的理解和信任。他们的工作不仅是简单的信息传递，还是一种深入的沟通和交流，是构建和谐校园文化的重要基石。因此，学生干部的作用不应被忽视，他们的贡献对于促进教育环境的良性发展具有不可估量的价值。

2. 解决问题的中介

在校园生活中，学生与教师之间偶尔会出现矛盾或误解。在这种情形下，学生干部经常扮演着解决问题的中介者角色。他们通过客观公正地分析问题，协助教师和学生进行有效沟通，并寻找合适的解决方案，从而维护了教学秩序和校园和谐。

学生干部通常具备良好的沟通技巧和较强的调解能力。面对师生间的矛盾，他们不偏袒任何一方，而是耐心听取双方的意见和诉求。他们通过理性分析，识别矛盾的根源，然后提出建设性的建议，帮助双方找到共同点，缩小分歧。

在沟通过程中，学生干部还注重创造一个开放、宽松的对话环境。他们鼓励师生双方坦诚表达自己的想法，并努力理解对方的立场和感受。这种相互理解的过程往往能缓解紧张气氛，为矛盾的解决铺平道路。

为了找到合适的解决方案，学生干部会积极协调资源，必要时还会与其他学生干部、学校管理层或专业人士合作，共同探讨最佳的解决策略。他们的努力不仅有助于解决当下的问题，还能预防未来可能出现的类似矛盾。

通过这些举措，学生干部有效地促进了师生之间的理解和协作，维护了校园的稳定与和谐。他们的角色不仅限于问题的解决者，更是促进校园文化发展的重要推动者。

3. 促进互动的催化剂

学生干部在学校中不仅负责日常的信息沟通和问题解决，还经常承担着组织各种活动的重任，这些活动旨在增进师生间的互动与了解，促进校园文化的繁荣。通过精心策划和执行一系列丰富多彩的活动，如学术讲座、文化节和体育比赛等，学生干部为师生双方提供增加知识、展示才能、增进情感的平台，进而加强师生之间的信任与合作。

学术讲座是学生干部经常组织的活动之一，通过邀请校内外的专家学者，他们为其他大学生提供了与专业人士面对面交流的机会，让师生共同探讨学术问题，分享最新的研究成果和学科发展趋势。这类活动不仅拓宽了大学生的知识视野，也使教师能够更好地了解大学生的兴趣点和学术需求。

文化节则是展现师生创造力和多样性的舞台。学生干部通过策划多样的文化活动，如戏剧表演比赛、音乐会、书法展览等，让有才艺的学生和教师共同参与，展示各自的特长。这样的活动不仅丰富了校园生活，也促进了师生之间的文化交流和相互理解。

通过这些活动的组织和实施，学生干部不仅展现了自身的组织能力和领导才能，更重要的是，他们成功地构建了促进师生互动、增进相互了解的平台。这些平台不仅加深了师生之间的情感联系，也促进了教师教学过程和学生学习过程的和谐发展，为构建积极健康的校园文化做出了重要贡献。

（二）在实践中体现价值

在学校生活中，学生干部的桥梁与纽带作用展现得淋漓尽致。他们通过以下几个方面实现这一作用。

1. 定期召开师生座谈会

通过定期召开师生座谈会，学生干部为师生双方提供了面对面交流的机会。在这些座谈会上，大学生可以直抒胸臆，表达自己的想法和困惑；教师则可以听取大学生的声音，解答疑问，共同探讨教学方法和学习策略。

在这些座谈会上，大学生可以直接表达出自己的想法和困惑，无论是表达对课程内容的疑惑、反映学习中遇到的困难，还是提出对教学方式和学校政策的意见和建议，大学生都可以畅所欲言。这种师生座谈会的形式使大学生的声音得以真实而全面地传达给教师和学校管理层，从而确保他们的需求和期望得到重视和响应。

对于教师而言，这些座谈会是了解大学生内心世界和学习状况的窗口。在座谈会上，教师可以有效地解答大学生的疑问，及时澄清误解，并通过与大学生的互动讨论，共同探讨教学方法和学习策略。这不仅有助于教师优化教学计划，还激励了教师采用更为创新和有效的教学手段，以适应不同大学生的学习需求。

此外，这些座谈会还为师生提供了共同思考和解决问题的机会。在轻松愉快的会议氛围中，师生双方能够平等对话，相互启发，共同寻找解决教学和学习过程中遇到的问题的方法。这种互动不仅促进了师生之间的相互理解和尊重，也加强了他们的合作关系，有利于形成积极向上的教学和学习环境。

总之，通过组织定期的师生座谈会，学生干部有效地搭建了一座沟通的桥梁，为师生提供了直接、开放的交流通道。这不仅有助于解决教学过程中的具体问题，更在促进教育环境的持续改善和优化方面发挥了关键作用。通过这样的活动，学生干部不断强化了他们在促进校园和谐与进步中的重要作用。

2. 建立有效的意见反馈机制

学生干部在学校管理体系中扮演着至关重要的角色，这尤其体现在他们负责建立和维护一个高效的意见反馈机制上。这一机制的核心目的是确保大学生的意见和需求能够被系统化地收集和处理，以便学校能够及时响应并采取相应的改进措施。为了实现这一目标，学生干部采取了多种方式来收集学生的反馈，包括建立意见箱、设计在线调查问卷，以及组织定期的回馈会议等。

建立意见箱是一种传统但有效的收集意见的方式。学生干部在校园内多个醒目的位置放置意见箱，鼓励大学生写下他们的建议、疑问或不满，并保证匿名提交，以便大学生能够畅所欲言。这些意见箱定期由学生干部清空并整理，确保每一条意见都得到认真分析和考虑。

在线调查问卷则是利用现代技术手段来收集大学生的意见。通过学校网站或专门的调查平台，学生干部可以设计涵盖各种主题的问卷，如教学质量评估、课程内容满意度、设施使用状况等。这种方式便于快速收集大量数据，也方便大学生随时完成问卷。

定期的回馈会议是一个直接面对大学生的反馈平台。学生干部会定期组织会议，邀请学校管理层和教师出席，让大学生直接表达他们的想法和建议。这些会议不仅为大学生提供了直接与决策者对话的机会，也使管理层能够更直观地理解大学生的需求和期望。

通过这些综合性的反馈机制，学生干部确保了每个大学生的声音都能被听见并得到合理的回应。这不仅提高了大学生参与学校管理的积极性，也使学校管理更加透明和民主。通过分析收集到的数据和反馈，学生干部与学校管理层共同制定改进措施，不断优化校园环境和提升教育质量，确保教育活动更加符合大学生的发展和需求。这种高效的反馈机制是学生干部贡献于校园发展的重要方式之一，也是促进教育持续进步的动力源泉。

3.积极参与学校管理与决策

学生干部还参与学校的管理和决策过程。他们不仅代表学生群体在学生会、校董会等机构中发表意见，还参与重要的讨论和决策制定。这一参与机制极大地增强了大学生的责任感和归属感，也确保了学校的决策更加贴近大学生的实际需要和期望。

在学生会中，学生干部作为核心成员，定期参与会议，讨论与大学生生活直接相关的问题，如校园设施改善、课外活动的组织及学习支持服务等。他们收集其他大学生的意见和需求，将其汇总后在会议上提出，确保大学生的声音被学校管理层听到并考虑。

在校董会或其他高层决策机构中，学生干部的作用同样不可小觑。他们有机会直接向学校董事会、校长及高级管理团队反映大学生群体的想法和建议。在这种高层次的讨论中，学生干部积极参与学校发展战略、教育政策制定及重大项目的规划中，确保大学生的利益和需求被纳入学校发展的大局中考虑。通过这种形式的参与，学生干部不仅是大学生利益的代言人，也是学校决策过程的合作者。

这种参与不仅局限于发言和提议，学生干部还可以对相关议题进行深入研究，准备数据和案例支持自己的观点，以增强说服力。他们的这种专业态度和努力，使他们在与教师和学校管理者的对话中能够站在平等的位置，有效地推动议题向前发展。

综上所述，学生干部在促进师生沟通、增强互信互助中扮演着不可或缺的角色。学生干部的积极工作，促进师生之间的关系更加和谐，促进学校的各项教育活动顺利进行。

三、学生干部队伍建设是高等学校大学生工作充分民主化、主体化、系统化的体现

在当今社会，高等学校不仅是知识传播的殿堂，更是培养未来社会栋梁的重要场所。在这一过程中，学生干部队伍的建设显得尤为重要。它不仅关系到

高等学校大学生工作能否顺利进行，更是实现高等学校大学生工作充分民主化、主体化、系统化的重要体现。

（一）民主化的体现

学生干部队伍的建设是高等学校大学生工作充分民主化的重要体现。通过加强学生干部队伍的建设，不仅可以提升大学生工作的效率和质量，还能培养大学生的责任感、团队精神和实践能力，为他们的全面发展奠定坚实的基础。

学生干部队伍实行的选举制度是高等学校大学生工作民主化的鲜明标志。通过开展公正、公开的选举活动，每位大学生都有机会参与候选人的提名与选举过程，真正实现了"由大学生选举，为大学生服务"的原则。这不仅保障了学生干部队伍的代表性与合法性，而且激发了广大大学生参与学校管理的热情，培育了他们的民主意识与责任感。

在学生干部队伍的日常工作与决策中，民主原则同样得到了充分体现。学生干部在制订工作计划、策划活动时，会广泛征询大学生的建议，确保各项决策和活动能够真正反映并满足大学生的需求。此外，学生干部之间的分工协作以及学生干部与学校其他组织的沟通协调，均建立在平等、尊重的基础上。这种民主、协作的工作氛围有效提升了工作效率，也为大学生提供了良好的实践平台。

学生干部队伍的建设还通过定期的培训与评估机制，进一步强化了民主化的工作理念。通过组织各类培训工作坊、研讨会，学生干部能够深入学习民主管理的理论与实践，提升个人素质。同时，定期进行工作评估与反馈的工作机制，确保了学生干部能够及时总结经验、纠正不足。这种自我监督、自我完善的过程，是民主精神在学生干部队伍建设中的生动体现。

（二）主体化的体现

主体化的学生工作强调学生自我管理、自我服务、自我教育的能力，而学生干部正是这一理念的实践者。通过参与学生工作，学生干部在实践中锻炼了自己的组织协调能力、沟通能力和解决问题的能力。他们不仅是活动组织者，更是服务者，为同学们提供帮助和支持，这种主体化的工作模式让学生干部成为学生工作的中坚力量，极大地提升了大学生工作的质量和效率。

（三）系统化的体现

系统化的高等学校大学生工作要求各项工作有序进行，各个环节紧密相连，形成有效的工作机制。学生干部队伍的建设正是构建这一机制的基础。通过明确的分工、规范的管理、定期的培训和评估，学生干部队伍能够成为一个高效运转的集体。他们能够根据学校的整体安排和其他大学生的实际需求，有计划地开展工作，确保各项任务得以有效完成。这种系统化的工作方式不仅提高了学生工作的规范性和连续性，也为学生干部提供了更多参与和实践的机会。

第二节　学生干部管理工作中存在的问题

一、高等学校学生干部相关制度不够完善

学生干部是高等学校中一个重要而特殊的群体，他们既是大学生中的一员，又承担着和教师一起管理其他大学生的责任。由于学生干部需要花费大量的课余时间在校园活动及班级、系部的管理工作上，而学生干部的奖励机制不够完善等，因此一些大学生加入学生干部队伍的积极性不高。加之高等学校现有的学生干部选拔制度缺乏一定的科学性、民主性，一些动机不纯、有功利倾向的大学生加入学生干部队伍，降低了学生干部队伍的整体素质。

（一）不科学的选拔机制

1.过于注重表面功夫，忽视综合素质和潜力

个别高等学校现有的学生干部选拔机制存在过于注重表面功夫，忽视综合素质和潜力的问题。通常，这些选拔机制主要依据大学生的考试成绩和简单的面试表现来评定其是否适合担任学生干部。然而，这种机制往往偏重大学生在短时间内的表现，忽视他们的长期潜力和综合素质。

一方面，过于注重考试成绩会使选拔机制陷入功利主义的困境。倾向于选择成绩优秀的大学生担任学生干部的做法，在一定程度上将考试成绩等同于管理能力和领导能力。然而，优秀的学业表现并不一定代表着优秀的管理能力和

领导能力。这种过度关注考试成绩的做法，可能会错失一些在其他方面具有潜力的学生，导致选拔结果的局限性。

另一方面，简单的面试表现往往无法全面评估学生的综合素质和潜力。面试只是一个短暂的交流过程，大学生可能会因为紧张或者其他因素表现得不好，从而无法展现出其真正的实力。面试结果也容易受到主观因素的影响，进而影响选拔结果的公正性和客观性。

2. 缺乏科学性和客观性

一些高等学校的学生干部选拔机制缺乏科学性和客观性。这一现象给学生干部队伍的建设和高等学校的学生管理工作带来了一定的挑战。主要问题是存在主观偏见和不公平现象。在一些高等学校中，选拔结果往往受个人偏见、人际关系等的影响。这种情况下，学生干部可能不是基于其真实的能力和素质而成功竞聘的。

这种缺乏科学性和客观性的选拔机制，不仅会影响学生干部队伍的建设，也会影响整个高等学校学生管理工作的效率和质量。选拔出的学生干部可能缺乏真正的管理能力和领导能力，难以胜任高等学校学生管理工作中的重要职责，从而影响高等学校学生管理工作的效果。

（二）奖励机制不够完善

1. 缺乏明确的评价指标

学生干部管理工作的激励奖励机制的不够完善主要体现在缺乏明确的评价指标。这种缺失导致无法准确、公正地评估学生干部的工作表现和实际贡献，从而难以依据客观标准进行适当的奖励。由于缺少具体的评价指标，学生干部在工作过程中往往不清楚何种行为或成果会获得何种奖励，这种情况影响了学生干部的工作积极性。

进一步来说，缺乏明确评价指标的直接后果是奖励的主观性和随意性增加。在没有明确标准的情况下，奖励决策往往依赖于个人的主观判断，这不仅可能引发公平性问题，还可能引起学生干部之间的不满和猜忌，影响团队的和谐与合作。

此外，由于奖励措施通常仅限于精神鼓励，如表彰会、荣誉证书等，未能覆盖更为实际的需求如职业发展支持、生活补助等方面，因此难以充分调动学生干部的积极性。

这种缺乏明确奖励标准和措施的现状产生了一定的负面影响。它不仅削弱了学生干部的工作热情与积极性，还限制了其创新精神和创造力的发挥，从而影响了学生干部管理工作的质量和效率。同时，由于缺乏有效的激励，学生干部的流失率增高，这不利于培养具有责任感和领导力的学生干部。

2. 积极性和动力不足

奖励机制不够完善导致一些学生干部在面对繁重的管理任务和压力时缺乏足够的动力和积极性。学生干部承担着诸多管理职责，需要处理各种学生事务，面临着巨大的时间压力和精神压力。然而，由于奖励机制不够完善，他们可能无法完全认可学生工作的意义与价值，无法获得足够的成就感，进而导致他们对学生工作的投入和热情逐渐降低，影响整体学生工作的效率。

（三）培育机制有待完善

一些高等学校学生干部的培育机制不够完善。这不仅影响了学生干部的素质与能力，也制约了大学生工作主体化的深入推进。

1. 培训体系不完善

学生干部在任职后往往面临一个尴尬的局面：他们虽然充满了工作热情，但不知如何有效地履行自己的职责。这主要是因为学校在选拔干部之后，较少为他们提供一套系统的培训计划。学生干部需要了解哪些基本知识，需要掌握哪些技能，在遇到问题时该如何解决？这些都需要有明确的答案。因此，建立一个针对性强、实用性高的系统培训计划是当务之急。这个计划应该包含岗位职责解析、必备知识技能、工作方法与策略等方面的内容，并定期更新以保持其时效性。

目前，一些学校的培训内容比较单一，主要集中在思想政治理论教育方面。这方面的教育对于学生干部的成长非常重要，但仅停留在理论层面是远远不够的。学生干部还需要掌握一系列的实务操作技能，如团队管理技巧、公共关系处理技巧等。这些技能将帮助他们更好地解决实际工作中遇到的问题，提升工作效率和质量。因此，丰富培训内容、增加实务操作技能是完善培训体系的关键一步。

传统的授课式教学是许多高等学校的主要培训方式。这种方式虽然能够传授一定量的知识信息，但缺乏互动性和实践性。学生干部需要的是一个能够亲身参与、动手实践的学习环境。通过角色扮演、模拟实战等互动性强的教学方式，他们能够更好地理解理论知识，并将其转化为实际操作能力。此外，实践性强的教学方式也有助于培养学生干部的创新能力和解决问题的能力。因此，创新培训方式，引入更多具有互动性和实践性的教学方法是提升培训效果的有效途径。

综上所述，当前学生干部培训体系存在缺乏系统培训计划、培训内容比较单一以及培训方式比较陈旧等问题。为了解决这些问题，我们需要建立一个系统的培训计划，丰富培训内容，并创新培训方式。只有这样，才能培养出一批既具备理论知识又善于实务操作的优秀人才。

2. 发展机会有限

学生干部往往缺乏明确的职业发展规划，不了解晋升路径。这容易导致他们对未来感到迷茫，无法有效地规划自己的学习和工作。为了解决这个问题，高等学校应该为学生干部提供一条清晰的晋升路径。这个路径应该包括从基层干部到高层领导的晋升通道，并明确每个层级的职责和权限。同时，还需要制订相应的培训计划和考核评价机制，帮助学生干部逐步提升自己的能力和素质，实现职业生涯的稳步发展。

实践是检验真理的唯一标准，也是锻炼学生干部能力的重要途径。当前一些高等学校的学生干部在实践中锻炼的机会较少，尤其是校级大型项目或活动的参与机会有限。这容易导致学生干部缺乏实践经验，难以胜任更高层次的工作。因此，高等学校应该积极创造条件，为学生干部提供更多的实践机会。可以通过举办各类活动、项目等方式，让学生干部参与实际工作，提升他们的组织协调能力和团队合作精神。

在学生干部的管理体系中，资源的分配往往不够均衡。一些高层或关键岗位的学生干部能够获得更多的资源和关注，而基层学生干部则面临资源匮乏的问题。这容易影响基层学生干部的工作积极性，甚至使他们产生挫败感。为了解决这个问题，高等学校应该建立一套公平、透明的资源分配机制。在分配资源时，要充分考虑各层级、各部门的实际需求和贡献度，确保资源的合理配置。同时，还要加强对基层学生干部的关注和支持，为他们提供更多的培训和指导。

综上所述，当前学生干部管理体系存在晋升路径不明确、资源分配不均等问题。为了解决这些问题，我们需要明确晋升路径，建立公平透明的资源分配机制。只有这样，才能激发学生干部的工作热情和创造力，促进他们的全面发展，为校园管理注入新的活力和动力。

二、对学生干部的培养重才轻德，使其不能平衡发展

（一）发展不平衡

现今一些高等学校存在过分注重学生干部的能力培养，而忽视其思想素质提升的现象。高等学校通常将重心放在学生干部的组织能力、领导能力等方面的培养上，因为这些能力与学生干部工作密切相关，能够帮助他们更好地完成学生管理任务。然而，忽视思想素质提升可能限制学生干部处理复杂问题的能力。在实际工作中，学生干部往往会遇到各种道德困境和价值冲突，这时候，单纯的能力并不足以帮助他们摆脱困境，解决问题。他们如果缺乏坚定的价值观和正确的道德判断，可能会犹豫不决，甚至做出错误的决策。这会影响学生干部个人的全面发展。

大学阶段是一个人综合素质发展的重要时期，大学生应该努力成为德才兼备的人。然而，过分注重学生干部的能力培养而忽视其思想素质，违背了这一目标。当前社会对人才的要求已经不仅是能力强，而更加强调素质高。因此，不平衡的发展还可能导致学生干部未来职业生涯的局限性。在日益重视企业社会责任和职业道德的今天，那些只具备能力而忽视思想素质的学生干部，可能在进入社会后面临更多挑战，他们的不足在激烈的职场竞争中或将成为致命的短板。

（二）人际关系紧张，缺乏为其他大学生服务的意识

由于学生干部需要具备一定的组织能力和领导才能，因此有些学生干部过于专注于自身能力的发展，将大部分时间投入学习和工作，忽略了与其他大学

生的正常交往，导致人际关系紧张。甚至有些学生干部缺乏为其他大学生服务的意识，他们忽视了身边同学的需求，降低了其他大学生对他们的信任度，影响了学校内部的凝聚力和团队协作效率。高等学校应该引导学生干部树立正确的服务意识，以促进校园的和谐发展。

（三）急功近利

过分强调能力培养在一定程度上可能使学生干部产生急功近利的心态。这种心态是指个体在追求目标时过分看重短期成果和表面效应，忽视长远发展和深层次的价值。

当学生干部被告知他们的评价和奖励主要基于可量化的技能表现时，他们可能倾向于选择那些能够快速展示成果的活动或项目，从而忽略那些需要长期投入和努力才能见效的工作。甚至在追求短期成就的过程中，学生干部可能会采取捷径，比如不公平竞争、夸大自己的贡献或忽视他人的权利等。

如果高等学校或社会对学生干部的要求过于单一，比如只关注他们是否能有效地组织活动、能否在竞赛中获胜，那么学生干部可能会认为这些是成功的唯一标准，从而忽视其他重要的素质。例如，学生干部在团队合作中会过分强调个人的贡献和地位，而不注重团队的整体效益和成员之间的协作，这可能会损害团队的凝聚力。

三、不能正确处理学业与学生工作的关系

学生干部在处理学业与学生工作的关系时，可能会遇到一些挑战和困难。在当代教育环境中，学生干部不仅是学习者，还兼具领导者和协调者的身份。他们需要将时间与精力恰当的分配给学业与学生工作，这对学生干部来说是一大难题。

（一）时间管理问题

学生干部面临的第一大挑战是时间管理。在繁重的学业负担与学生工作之间，时间成为一种稀缺资源。学生工作对时间的占用，必然直接影响学习时间。时间管理不善很容易导致学习时间被压缩，进而直接影响学业成绩。学生干部

面临时间管理问题的原因比较复杂，以下是一些核心因素。

1.双重角色和责任

学生干部既是普通大学生，需要完成学业任务，又承担着领导职责。这种双重角色使他们在时间分配上面临额外的挑战。学生活动的筹备往往涉及多方面因素，如参与人员的时间协调、场地安排、资金申请等，这都会影响学生干部的时间安排。而当所组织或策划的活动属于大型活动时，局面更复杂，处理问题需要的时间更长。当面临重要的考试时，时间管理的困难越加凸显。此时，缺乏弹性的时间安排可能导致学生干部无法有效地复习或准备考试，从而影响他们的学业。

2.缺乏时间管理培训

一些学生干部在接手职务前并未接受过有效的时间管理培训。这对学生干部的影响是多方面的。

未接受过有效的时间管理培训的学生干部大多缺乏有效的时间管理技巧，从而很容易面临任务过载的情况。任务过载对个体和团队都会产生一定的负面影响。一方面，它会增加个体的心理负担，造成严重的压力和焦虑感。另一方面，任务过载往往伴随着时间压力，这很容易导致工作中的错误率上升，进一步降低工作效率。

未接受过有效的时间管理培训也会使学生干部在面对紧急但不重要的任务时，难以说"不"，导致大量时间被低效利用，重要学业任务的完成受到影响。这反映出个别学生干部判断力与决策能力的不足。

此外，学生干部可能错误地估计了完成任务所需的时间，或者低估了学业难度，导致时间安排不现实，无法按计划执行。

（二）追求完美

一些学生干部追求完美，试图在各个方面都做到最好。这种心态可能导致他们在学生工作上花费不必要的时间，从而影响到其他重要任务的完成。这主要表现在两个方面。

一是学生干部无法正确评估不同任务的实际需要，可能错误地将大量资源投入短期活动中，从而忽视了长期学业的重要性。二是过于强调完美的结果而忽略其他学生干部或团队成员的能力和感受，导致团队内部的沟通不畅和协作不足，进而导致学生工作效率低下，影响学生工作和学业的质量。

第三节　加强学生干部管理的途径

一、完善学生干部管理的制度建设

在现代教育体系中，学生干部不仅承担着学习的职责，还肩负着代表大学生群体、协调大学生事务的重要角色。然而，随着校园活动的多样化和大学生需求的复杂化，传统的学生干部管理体系已显示出一定的不适应性。因此，完善学生干部管理的制度建设显得尤为迫切。

（一）建立系统化的培训机制

高等学校应为学生干部建立起一套系统化的培训体系。这包括但不限于时间管理培训、项目管理技能培训、团队协作能力培训、冲突调解技巧培训等。通过定期的培训，帮助学生干部提升个人能力，更好地应对挑战。

1. 时间管理培训

时间管理是学生干部应该具备的关键技能之一。通过教授如何优先处理任务、设置合理的时间表和如何逐步达成目标等，时间管理培训能够帮助学生干部有效平衡学业与学生工作，减少因任务过载带来的压力和疲劳。高等学校可以定期组织有关时间管理的讲座和实战演练，让学生干部通过实际操作掌握这一技能。

2. 项目管理技能培训

项目管理技能培训应涉及项目规划、执行、监控等多个方面。通过具体教授如何设定项目目标、分配资源、管理团队及评估项目效果等，这类培训能够使学生干部在组织校园活动时更加得心应手。另外，可以引入项目管理软件的操作训练，以提升学生干部的技术应用能力。

3. 团队协作能力培训

优秀的团队协作能够极大地提高学生干部队伍的工作效率。团队协作能力培训应包括有效沟通的技巧、团队动力的理解以及解决内部冲突的策略等，通过这些内容，可以增强学生干部的团队合作意识和能力。

4. 冲突调解技巧培训

学生干部在组织活动、处理学生事务时难免遇到各种冲突。通过冲突调解技巧培训，学生干部可以学会识别潜在冲突、采取适当的调解策略，并通过沟通和谈判解决问题。这不仅能帮助他们维护校园和谐，也能为其未来职业生涯提供助益。

通过上述系统化的培训，学生干部能够在学业与个人发展上获得帮助，提升领导与管理方面的能力，成为更优秀的大学生领导者，并为未来的职业道路奠定坚实的基础。因此，高等学校应当认真考虑并实施这一培训体系，以激发学生干部潜力，同时推动校园文化的进一步发展。

（二）明确职责与权责对等

在学生干部的工作中，职责不清是导致工作压力大的重要原因之一。当学生干部对自己的工作内容、目标和边界缺乏明确认识时，他们往往会感到迷茫、焦虑，甚至产生无力感。这不仅可能影响他们的工作效率和质量，还可能对他们的心理健康和职业发展造成负面影响。因此，学校应当积极采取措施，制定明确的职责范围和工作流程，确保每位学生干部都清晰自己的责任所在，从而减轻工作压力，提升工作效率。

1. 制定明确的职责范围

明确的职责范围是学生干部高效工作的基石。高等学校应该根据各个职位的特点和需求，制定详细的职责清单。这些职责清单应该包括每个职位的主要工作内容、目标、考核标准以及与其他职位的协作关系等。学生干部清晰地了解自己的工作重点和目标，就能尽量避免工作中的混乱。同时，这也有助于建立良好的工作秩序，促进团队合作，提高工作效率。

2. 明确工作流程

除了明确职责范围外，高等学校还应该制定清晰的工作流程。工作流程是指完成某项工作所需经历的步骤和顺序。通过明确的工作流程，学生干部可以更加系统地了解工作的各个环节和要求，从而更好地规划自己的时间和使用自己的精力，确保工作的顺利进行。在制定工作流程时，高等学校应该充分考虑各个职位的实际情况和特点，确保流程的合理性和可操作性，还应该加强对学生干部的培训和指导，帮助他们熟悉和掌握工作流程。

3. 确保权责对等

在学生干部的工作中，权责对等是非常重要的原则。学生干部如果在承担某项职责时缺乏相应的权力和资源，就难以顺利完成相关的工作。因此，高等学校在制定职责范围和工作流程的同时，还应该确保权责对等。具体来说，就是要赋予学生干部足够的权力和资源去完成他们所承担的职责。这些权力和资源可以包括决策权、指挥权、资金等。确保权责对等，有助于学生干部更加自信地开展工作，提高工作的自主性和积极性。

（三）建立和完善监督和评估机制

在学生干部的工作体系中，监督和评估机制起着至关重要的作用。这一机制不仅能够确保学生干部有效履职，还有助于及时发现问题，及时改进方案。然而，当前一些高等学校的监督和评估机制不够完善，导致学生干部工作的质量受到影响。因此，建立和完善监督和评估机制是提升学生干部工作质量的必要举措。

1. 设立监督小组

为了加强对学生干部工作的监督，高等学校可以设立一个由师生共同参与的监督小组。这个小组可以由学校领导、教师代表以及部分优秀的学生干部组成。监督小组的主要职责是对学生干部的学习、生活、工作等方面进行全面监督，确保学生干部的工作符合学校的要求和标准。同时，监督小组还可以定期组织会议，听取学生干部的工作报告，了解他们的工作情况和存在的问题，并给出相应的建议和意见。

2. 定期评估与反馈

除了设立监督小组外，高等学校还应该对学生干部的工作进行定期的评估和反馈。评估内容可以包括工作态度、工作效率、团队协作等方面。在评估过程中，要注重客观公正，采用量化指标进行评价，避免主观臆断和偏见。同时，要及时向学生干部反馈评估结果，让他们了解自己的优点和不足。

通过定期的评估与反馈，高等学校可以及时发现学生干部工作中的问题，并提供改进方案。这些改进方案既可以针对个人问题进行个性化指导，也可以针对整体问题进行系统性改革。同时，高等学校可以将定期评估与反馈的结果作为选拔和培养学生干部的重要依据。此外，高等学校还可以根据定期评估与反馈结果调整监督和评估机制本身，使之更加完善和有效。

（四）提供心理健康支持

学生干部常常承受较大的压力。这些压力可能来源于学业、学生工作、人际关系等方面，如果处理不当，可能会对学生干部的心理健康产生不良影响。因此，高等学校应当重视学生干部的心理健康问题，提供必要的心理健康支持服务，帮助他们有效管理压力，保持良好的心理状态。

1. 定期的心理健康讲座

为了帮助学生干部更好地应对压力，高等学校可以定期举办心理健康讲座。这些讲座可以涵盖压力管理、情绪调节、人际交往等多个方面，旨在提高学生干部的心理素质。通过讲座，学生干部可以了解到更多的心理健康知识，掌握一些实用的心理调适技巧，从而更好地应对学生工作中的挑战和困难。同时，心理健康讲座还可以提供一个交流的平台，让学生干部分享彼此的经验，互相学习和借鉴。

2. 心理咨询服务

除了心理健康讲座外，高等学校还应该聘请专业的心理咨询师或心理医生，为学生干部提供心理咨询服务，为学生干部提供一个倾诉和寻求帮助的渠道。通过心理咨询，学生干部可以得到个性化的心理支持和指导，解决自己面临的心理困扰和问题。在咨询过程中，咨询师会积极倾听学生干部的诉求，理解他们的感受和需求，并提供相应的建议和解决方案。同时，咨询师还会保护学生干部的隐私和信息安全，让他们感到放心。

3. 建立心理健康档案

为了更好地关注学生干部的心理健康状态，高等学校还可以建立心理健康档案。这些档案可以记录学生干部的基本信息、心理状况、咨询记录等内容。通过建立心理健康档案，高等学校可以及时发现学生干部的心理问题，采取相应的干预措施，防止问题恶化。同时，心理健康档案还可以作为学生干部选拔、培养和晋升的重要依据之一，帮助高等学校更好地评估他们的综合素质和能力。

综上所述，通过定期的心理健康讲座、心理咨询服务以及建立心理健康档案等措施，高等学校可以帮助学生干部有效管理压力，保持良好的心理状态。这不仅有助于学生干部的个人成长和发展，还能为高等学校学生管理注入新的活力和动力。

（五）建立激励机制

合理的激励机制能显著提高学生干部的积极性和创造力，推动他们更好地履行职责，为校园管理贡献智慧和力量。然而，当前一些高等学校的激励机制尚不完善，导致学生干部的工作热情和创造力受到一定影响。因此，建立和完善激励机制是提升学生干部工作动力的必要举措。

1. 设立奖学金

为了激励学生干部更加努力地学习和工作，高等学校可以设立专门的奖学金。这些奖学金可以根据学生干部的绩效评估结果进行发放，以表彰他们在工作和学习中的优秀表现。奖学金的金额可以根据高等学校的实际情况和学生的需求来确定，既要体现出对学生干部的尊重和关心，又要起到足够的激励作用。除了奖学金外，高等学校还可以考虑其他物质奖励方式，如提供实习机会、推荐就业等，进一步激发学生干部的积极性和创造力。

2. 评选优秀学生干部

除了物质激励外，精神激励同样重要。高等学校可以定期开展优秀学生干部评选活动，对在工作和学习中表现突出的学生干部给予表彰和奖励。这些评选活动可以设置不同的奖项，如最佳团队协作奖、最具创新思维奖等，以充分激发学生干部的能力和个性。通过优秀学生干部评选活动，不仅可以增强学生干部的荣誉感和归属感，还可以促进他们之间的交流和学习，形成良好的工作氛围和团队文化。

3. 个性化激励

每个人的需求和期望都是不同的，因此高等学校还应该根据学生干部的个性特点和需求提供个性化的激励措施。这些措施可以包括安排挑战性任务、赋予更多的自主权等，以满足他们的成长需求和职业发展目标。同时，个性化的激励措施也有助于建立更加紧密的师生关系和合作伙伴关系，促进高等学校学生管理的和谐稳定发展。

通过上述措施，可以有效地完善学生干部管理的制度建设，为学生干部创造一个更加公平、高效和有利于个人发展的环境。这不仅有助于学生干部自身的成长，也将推动整个学生组织和校园文化的积极发展。

二、加强对学生干部的思想教育

（一）高等学校学生干部培养方法概述

1. 高等学校学生干部培养方法

传统的高等学校学生干部培养方法，主要有思政课堂教学、干部培训班和思想教育讲座以及组织党性教育。但是这些方法的效果不佳。高等学校应该创新学生干部培养方法，切实提高学生干部的思想素养。

（1）创新思政课堂教学

传统的思政课堂教学通常以知识传授为主，缺乏足够的互动性。为了提高高等学校学生干部的思想素养，可以创新思政课堂教学方法。首先，引入真实案例，让学生干部通过分析真实案例来思考并讨论解决问题的方法和思路。其次，采用小组讨论、角色扮演等形式，让学生干部在讨论中互相交流、碰撞思想，从而提升他们的思辨能力和解决问题的能力。最后，结合学生干部的兴趣和实际需求，设计多样化的教学内容。例如，通过影视欣赏、游戏化教学等方式，使学生干部在轻松愉快的氛围中接受思政教育，提高学习的积极性和主动性。

（2）举办知识竞赛活动

除了思政课堂教学，举办知识竞赛活动也是一种提高高等学校学生干部思想素养的有效途径。高等学校应鼓励学生干部参与形式多样的竞赛活动，如知识竞赛、辩论赛、演讲比赛等。竞赛活动的内容可以涉及社会热点、公共政策等，也可以涉及国内外的时事新闻、历史文化等。通过参与竞赛活动，学生干部不仅可以巩固所学，还能够培养团队合作意识、提高解决问题的能力，增强对思想政治理论的理解和应用能力。

（3）开展实践活动

除了开展思政课堂教学和举办知识竞赛活动，高等学校还可以开展实践活动，以培养学生干部的实践能力和社会责任感。这些实践活动可以包括社会公益活动、调研实践等。通过参与实践活动，学生干部可以将所学的理论知识与实际工作相结合，提升解决实际问题的能力和应变能力，还可以增强社会责任感和团队合作意识，提高领导能力和组织管理能力，从而全面提高思想政治修养和综合素质。

（4）整合思想教育与日常工作

在高等学校学生干部的日常工作中，应当融入思想教育的内容和要求，并使其常态化、制度化。通过各种形式的讲座、研讨会等，引导学生干部认识和思考当前社会上存在的不良行为、理念，增强他们的辨别能力和思想觉悟。通过实践活动等，让学生干部亲身感受正确的价值观和行为准则的重要性，从而引导他们树立正确的世界观、人生观和价值观。

同时，要加强对学生干部的思想引导和心理疏导，帮助他们树立积极向上的人生态度。这可以通过谈心和走访等方式来实现。在谈心过程中，辅导员可以倾听学生干部的内心想法和困惑，了解他们的成长经历和心理状态，有针对性地提供帮助和指导。通过走访工作，辅导员可以深入了解学生干部的工作情况和生活状态，及时发现存在的问题，并采取有效的措施加以解决。通过这些工作，辅导员可以引导学生干部树立正确的人生目标和追求，提升他们的综合素质和思想素养。

2. 建设高等学校学生干部教育网络阵地

随着科技的发展，网络直接影响到大学生的行为模式和政治态度等，传统的教育方式无法满足学生干部的发展需求，因此高等学校需要建设思想教育网络阵地，构建专业的高等学校学生干部教育网站和创建微博、微信公众号等。

（1）构建专业的高等学校学生干部教育网站和创建微博、微信公众号等

为了满足当代大学生群体的学习和交流需求，高等学校可以建设专业的学生干部教育网站，以及创建微博、微信公众号等官方账号。这些平台提供的丰富多彩的思想教育资源，如理论知识、案例分析、热点讨论等，可以满足学生干部在思想教育方面的需求。同时，通过网站和社交媒体的互动功能，学生干

部可以方便地与老师、同学进行交流和讨论，促进学习成果的分享和交流。

（2）实现实名登录，建立学生干部专属的网络发言和讨论平台

为了确保网站及其他平台的秩序，高等学校可以要求学生干部进行实名登录，以保障网络言论的真实性和可信度。在这个基础上，建立学生干部专属的网络发言和讨论平台，供他们就思想教育相关的话题展开讨论。这样的平台既能够促进学生干部之间的交流与合作，也有利于他们形成正确的思想观念和行为准则。

（3）学生干部参与平台维护，定期上传教育材料

为了保障网站及其他平台的运行和内容质量，高等学校可以让学生干部负责平台的维护和管理工作，如定期上传有关思想教育的优质资源和材料，包括文字、图片、视频等形式，以丰富平台的内容。通过参与平台的维护和管理，学生干部不仅可以提升自身的管理能力，强化自身的责任意识，还能够更好地服务广大学生群体，推动思想教育工作的深入开展。

（二）开展高等学校学生干部思想教育的措施

1. 保障思想教育工作的目标性

高等学校在培养学生干部的过程中，要注重能力培养，还要加强思想教育。在学生干部思想教育中，高等学校需要构建教育计划，明确教育内容，选择合适的教育方法，以及制定效果评估方式，提高其在学习过程中的自觉性。

（1）构建教育计划，明确教育内容

在保障思想教育的目标性方面，高等学校可以制订详细的教育计划，明确学生干部思想教育的内容和目标。引导学生干部对思想政治理论知识进行系统的学习，以及对当前社会热点和重大事件进行深入的分析和思考。教育计划应当综合考虑学生干部的学习特点和需求，制定具体的教学内容和教学安排，以确保教育工作的针对性和有效性。

（2）选择合适的教育方法

针对学生干部的特点和需求，高等学校可以采用多种教育方法，提升思想教育的效果。除了传统的课堂讲授外，还可以开展小组讨论、案例分析、角色扮演等形式多样的教学活动，激发学生干部的学习兴趣，增强其学习的主动性和参与性。同时，借助现代技术手段，如网络教学平台、移动学习应用等，拓展教育的形式和途径，满足学生干部多样化的学习需求。

（3）制定效果评估方式

为了确保思想教育工作的有效性，高等学校可以制定科学合理的效果评估方式，对学生干部的学习情况进行全面评估和监测。评估内容可以包括知识掌握情况、思想态度变化、能力提升程度等，评估方法要定量和定性相结合。通过及时反馈评估结果，引导学生干部认识到自身的不足，激发他们的学习动力和自觉性，进而提高思想教育工作的针对性。

2. 保障思想教育的时效性

（1）在早期开展思想教育

高等学校可以利用大一学生具有较高积极性的特点，从大一开始就着手进行学生干部的思想教育工作，为其打下坚实的思想基础。通过针对性的教育活动和课程设置，帮助学生干部树立正确的世界观、人生观和价值观，培养其积极向上的思想态度和行为习惯。

（2）结合重大政治活动进行思想教育

高等学校可以利用重大政治活动作为思想教育的重要载体，结合高等学校的特点和实际情况，开展丰富多彩的教育活动。例如，可以组织学生干部参与政治热点话题的讨论和辩论，参与社会实践和志愿活动，深入了解国家政策和现实问题，增强其政治认同和责任担当。同时，通过组织政治演讲比赛等活动，激发学生干部的爱国情怀和社会责任感，引导他们积极参与学校和社会的建设。

（3）在毕业设计期间进行思想教育

在学生干部进入大三下半学期，即毕业设计期间，高等学校可以针对毕业设计的实际情况，开展相应的思想教育工作，如通过举办专题讲座、组织集体学习等形式，引导学生干部正确对待毕业设计，明确目标、坚定信心，保持良好的学习状态。同时，高等学校可以为学生干部提供必要的支持和帮助，解决他们在毕业设计期间可能遇到的困难和问题，保障他们顺利完成学业。

3. 提高思想教育的针对性

开展高等学校学生干部思想教育工作，需要采取分类教育、分层教育和个别教育，以优化整体教育效果。

（1）分类教育

针对高等学校学生干部的思想教育工作，可以进行分类教育，即根据学生干部的不同类型和职责特点，量身定制教育计划和措施。例如，对于学生会干部、学生组织负责人、社团骨干等不同类型的学生干部，可以制定不同的教育内容和方法，以更好地满足其思想教育需求。

（2）分层教育

在进行思想教育工作时，需要考虑学生干部的层次，进行分层教育，因人施策，因岗施教。例如，针对不同层次的学生干部，可以设置不同层次的培训班、讲座和讨论会，有侧重地培养其领导能力、团队协作能力和社会责任感等。

（3）个别教育

针对重要的学生干部，尤其是学生会会长和部门部长等关键岗位的学生干部，需要进行个别化的思想教育工作。通过定期谈心谈话、个别辅导、心理疏导等方式，了解他们的思想动态和工作情况，及时发现和解决问题，帮助他们树立正确的世界观、人生观和价值观，提高其政治素养和道德修养，确保其在岗位上做出积极的贡献。

4.注重思想教育工作的全方位性

（1）长期性做好思想教育工作

高等学校学生干部思想教育工作是一项长期性的任务。虽然学生干部的任期有限，但高等学校依旧应该建立起长效的教育机制，确保学生干部在校期间能够得到全面的思想教育，使其能够在在校期间甚至是在毕业后依旧能够秉持所学，为学校和社会作贡献。

（2）向课外扩展教育阵地

除了课堂教育，高等学校还应该积极向课外扩展教育阵地，让思想教育贯穿于学生干部的日常生活。高等学校可以通过开展各种形式的活动，如讲座、读书分享会、社会调研等，引导学生干部自觉学习、积极参与社会实践，增强其社会责任感和使命感，从而提升其思想素质。

（三）整合高等学校学生干部培养和思想教育的措施

1.整合二者的内容和课程体系

高等学校在整合学生干部培养和思想教育工作的过程中，需要完善课程知识体系，丰富教学实践，提高教育工作的感染力。高等学校在培养学生干部的过程中，要落实爱国主义教育工作，发挥学生干部对其他大学生的引导作用，这是新时期思想教育的重要内容。

（1）完善课程知识体系

在整合高等学校学生干部培养和思想教育工作的过程中，完善课程知识体系是至关重要的一环。高等学校可以通过设计系统完备的课程体系，将学生干部的培养与思想教育紧密结合起来。这个课程体系应该涵盖多个方面，包括政治理论、国情国史、党史知识等，以及学习方法、领导能力、沟通技巧等实用技能。通过深入学习理论知识，结合实践案例分析，学生干部可以更好地理解和应用思想政治理论，提高自身的政治素养。

（2）丰富教学实践

除了课堂教学外，丰富的教学实践也是整合高等学校学生干部培养和思想教育工作的重要组成部分。高等学校可以组织学生干部参与各类实践活动，如社会调查、调研实践、社区服务等，让他们在实践中感受和体验思想教育的重要性。

（3）提高教育工作的感染力

在整合高等学校学生干部培养和思想教育工作的过程中，提高教育工作的感染力是至关重要的。高等学校应该通过丰富多彩的教育活动，激发学生干部的学习兴趣和参与热情，引导他们树立正确的世界观、人生观和价值观。同时，高等学校可以通过组织讲座、座谈会、研讨会等形式，邀请专家学者和成功人士分享经验和见解，启发学生干部的思维，拓展他们的视野，提高他们的综合素质和竞争力。

2. 整合各种资源

高等学校需要更新教育观念，构建高素质的师资队伍管理模式，从而促进高等学校学生干部建设工作可持续发展。教师需要具备较高的政治素质，且始终坚持正确的政治方向，这样才可以科学地培养学生干部。高等学校还需要构建科学的管理模式和运行机制。

（1）更新教育观念

高等学校需要认识到学生干部建设工作的重要性和紧迫性并在此基础上更新教育观念。传统的教育观念可能无法适应当下大学生的需求和社会的发展，因此高等学校需要与时俱进，不断探索和创新教育方法。高等学校可以注重培养学生干部的创新精神和实践能力，引导他们积极参与社会实践，提高综合素质和竞争力。

（2）构建高素质的师资队伍

构建高素质的师资队伍对于学生干部建设工作至关重要。高等学校可以采取动态管理的方式，根据高等学校的实际情况和需求，优化师资队伍的结构和配置，如引进具有丰富经验和专业知识的优秀教师，培养和选拔年青有为的后备教师，以及加强对教师的培训和考核，提高其教育教学水平和专业素养等。

（3）构建科学的管理模式和运行机制

构建科学的管理模式和运行机制是保障高等学校学生干部建设工作可持续发展的关键。高等学校可以建立健全管理体系，明确各项工作的分工和目标，建立起有效的信息沟通和协调机制。同时，高等学校应加强对管理模式和运行机制的监督和评估，及时发现和解决存在的问题，不断完善和提升管理水平和效能。

3. 整合社会管理和制度管理

（1）改革学生干部培养管理体制

高等学校学生干部培养管理体制的改革是整合学生干部培养和思想教育的重要一环。改革需要从制度和机制两个方面入手，以便为学生干部提供更广阔的成长空间和更丰富的学习资源。这包括以下两点。

①制度建设：建立科学合理的学生干部选拔、培养、考核制度，明确学生干部成长路径和评价标准，激发学生干部的参与和创新意识。

②机制创新：建立跨部门、跨学科的协同机制，促进高等学校内外资源的整合和共享，实现教育资源优化配置，提高学生干部培养的效益和质量。

（2）构建优质的教育实践环境

构建优质的教育实践环境是整合社会管理和制度管理的重要举措之一。这可以通过以下方式实现。

打造开放包容的校园文化氛围，倡导学术自由、思想开放，为学生干部提供自由探索和创新实践的平台。

建设多样化的教育实践基地，包括校内实验室、社会实践基地、科研平台等，为学生干部提供丰富的实践机会和资源支持。

加强校企合作，开展产学研一体化的教育实践项目，培养学生干部的实践能力和创新意识，提升学生干部的综合素质。

（3）利用多种教育手段和社会管理机制

在整合社会管理和制度管理的过程中，高等学校可以充分利用以下几种教育手段和社会管理机制，提升教育效果和管理水平。

引入先进的教育技术和工具，如在线教育平台、虚拟实验室等，拓展教育资源的覆盖面和深度，提高学生干部的学习效率。

加强对学生干部的个性化指导和辅导，根据学生干部的特点和需求量身定制培养计划和学习路径，激发其学习动力和潜能。

建立健全考核评估体系，对学生干部的培养和表现进行全面评估，并为其提供持续发展的动力。

4. 完善高等学校学生干部选拔和考核机制

高等学校需要在源头把握学生干部教育工作，选拔能力突出的优秀学生作为干部。高等学校在选拔阶段要做到民主、平等，同时遵守择优录取的考核原则，如果考核不合格，高等学校就要及时替换学生干部，维护管理团队运行的稳定性。

（1）民主、平等的选拔程序

为了确保高等学校学生干部选拔工作的公正与公平，高等学校需要建立民主、平等的选拔程序。这包括以下三个方面。

制定明确的选拔标准和程序，确保所有候选人都能在相同的条件下参与竞选，并有机会展示自己的能力和素质。

开展面向全体大学生的宣传和推广活动，鼓励更多优秀大学生积极参与干部竞选，形成良好的竞争氛围。

设立专门的选举监督机构，负责监督和检查选拔程序的执行情况，确保程序的公开透明和规范有序。

（2）择优录取的考核原则

在选拔过程中，高等学校需要遵守择优录取的考核原则，确保选拔出的学生干部具备一定的能力和素质。具体措施包括以下三个方面。

设立多维度的考核评价指标，综合考量学生干部的学业成绩、综合素质、领导能力等，全面评估学生干部的综合素质和能力。

引入面试、考核、评审等多种考核手段，通过多轮筛选和评估，确保选拔出的学生干部具备较高的综合素质和能力。

严格执行选拔程序，确保每个候选人都能够接受公正的考核和评审，确保选拔结果的客观公正和科学合理。

（3）及时替换不合格的学生干部

及时替换不合格学生干部的具体做法包括以下三个方面。

建立健全监督和评估机制，对学生干部的工作表现进行定期评估和反馈，发现问题及时进行纠正和处理。

设立临时干部替补制度，确保管理团队的组成始终符合工作需要，避免因个别学生干部不称职而影响整体工作效率。

提供适当的培训和指导，帮助不合格的学生干部提升能力和改进工作表现，为其重新赢得学生干部的职位提供机会。

通过以上措施的落实，高等学校可以建立起健全完善的学生干部选拔和考核机制，确保选拔出的学生干部能够胜任管理工作，并为高等学校的发展贡献力量。

三、提高学生干部的工作效率

对一些学生干部无法处理好学业与学生工作的问题，教师应积极引导，帮助学生干部改善工作方法，创新工作思路，提高工作效率。在教师的指导下，通过有意识地训练，学生干部应勤学善思、勇于进取，积极探索新途径和新思路，养成好习惯，不断提升学习与工作效率。

（一）合理安排时间

1. 利用时间表

学生干部还应该培养良好的时间管理能力和自我调节能力。时间管理能力包括对时间的合理规划和安排，以及对时间的有效利用；自我调节能力包括根据实际情况调整工作和学习的优先级，灵活应对各种情况等的能力。通过培养这些能力，学生干部可以更好地管理自己的时间，提高效率。教师可以通过开展时间管理培训、组织时间管理讨论等方式，帮助学生干部提升时间管理能力。同时，教师可以通过定期跟踪学生干部的时间安排和使用情况，及时发现问题和不足，促使其不断改进和提高。

对于学生干部而言，合理安排时间是提高工作效率的关键。教师可以通过指导学生干部制定详细的时间表，合理分配学习和工作的时间。例如，制订每日、每周的学习计划，明确学习任务和工作安排，以确保在学习任务不受影响的前提下完成学生干部的工作任务。

教师可以与学生干部一起制定时间表，并根据实际情况调整和优化。时间表可以包括每日的学习和工作安排，如早上的自习时间、下午的工作时间、晚上的课业复习时间等。在制定时间表时，需要考虑学生干部的学习任务量、工作任务量以及个人习惯和特点，确保时间安排的合理性和可行性。另外，教师可以鼓励学生干部利用碎片化时间，如课间等，进行简单的学习或工作。这样可以充分利用零散时间，提高时间利用效率。

学生干部的学习和工作并不是完全独立的，它们之间存在一定的交叉。例如，学生干部可能通过学习获得一些组织管理的知识和技能，从而更好地完成工作任务；同时，在工作中可能会遇到一些问题和挑战，需要通过学习来解决。因此，教师可以鼓励学生干部在学习和工作之间寻找共通之处，将学习和工作相互结合，提高学习和工作的效率。此外，学生干部还应该考虑到学习和工作的优先级。对于紧急或重要的任务，需要优先安排，确保及时完成；而对于一些不太紧急的任务，则可以在紧急或重要任务完成后再进行。这样可以保证时间利用率。

2. 采用时间管理工具和方法

（1）番茄工作法

番茄工作法是一种简单而有效的时间管理方法，即将工作时间划分为 25 分钟的时间块（称为"番茄时间"），并在每个番茄时间结束后休息 5 分钟，如此循环。番茄工作法可以帮助学生干部集中注意力、提高工作效率，并避免因长时间的连续工作导致疲劳和注意力涣散。教师可以向学生干部介绍番茄工作法，并鼓励他们在工作中尝试应用，逐步培养良好的工作习惯。

（2）时间日志

时间日志是一种记录和分析时间利用情况的工具，学生干部可以利用时间日志记录自己每天的时间使用情况，发现自己的浪费时间行为和低效行为，以便及时调整和优化时间安排。教师可以指导学生干部建立时间日志，并定期进行时间日志的分析和总结，帮助他们发现问题、改进方法，逐步提高时间利用效率。

（3）任务清单

任务清单是一种简单而实用的时间管理工具，学生干部可以利用任务清单记录和管理自己的工作任务和学习任务。通过制定任务清单，学生干部可以清晰地了解自己需要完成的任务和工作重点，从而合理安排时间，提高工作效率。教师可以教导学生干部制定任务清单的方法和技巧，如根据任务的优先级和紧急程度制定任务清单、每日更新任务清单等，帮助他们更好地管理和完成任务。

3. 强调自我调节和自我管理能力

（1）合理安排休息时间

教师应该帮助学生干部认识到合理的休息对于提高工作效率和保持身心健康的重要性。学生干部常常面临工作任务繁重、学习压力大的情况，容易过度劳累。因此，教师可以向学生干部介绍一些科学的休息方法和技巧，如定时休息、适当放松身心、保证充足睡眠等。通过合理安排休息时间，学生干部可以有效缓解压力，提高工作效率，保持身心健康。

（2）应对突发情况

教师还应该帮助学生干部培养应对突发情况的能力，包括学会应对学习任务紧急、工作任务突然增加等情况。在面对突发情况时，学生干部应该冷静应对，不要惊慌失措。教师可以通过案例分析、角色扮演等方式，让学生干部模拟应对突发情况的场景，锻炼其应对能力和决策能力。同时，教师可以提供一些应对突发情况的实用技巧和经验，如制订应急计划、合理分配任务优先级等，帮助学生干部更好地应对挑战和压力。

（3）建立自我调节和自我管理的机制

为了帮助学生干部更好地培养自我调节和自我管理能力，教师可以引导他们建立一套自我调节和自我管理的机制。这包括制订个人学习和工作计划、定期进行自我评估和反思、建立有效的奖惩机制等。通过建立这样的机制，学生干部可以更好地管理自己的学习和工作，及时发现问题、调整方法，提高效率。同时，教师可以定期与学生干部进行交流，帮助他们解决遇到的困难和问题，不断完善他们的自我调节和自我管理的机制，强化他们的自我调节和自我管理的能力。

（二）改变工作方法

1. 采取科学有效的工作方法

（1）任务分解法

任务分解法指将复杂的工作任务分解成若干个小任务，然后逐步完成的方法。通过任务分解，学生干部可以清晰地了解每个小任务的具体要求和完成时间，有针对性地安排任务进度，避免任务的混乱和拖延。教师可以通过案例分析和实际操作指导学生干部如何有效地运用任务分解法，使他们能够更好地应对各种工作任务，提高工作效率。

（2）四象限法

另一种值得学生干部采用的工作方法是四象限法。这种方法是将工作任务划分为紧急重要、紧急不重要、重要不紧急和不重要不紧急四种情况，并将之放在四个象限里，直观地显示出任务的优先级。

紧急重要的任务应该优先处理，紧急不重要的任务可以委派或暂时搁置，重要不紧急的任务可以提前规划和安排，不重要不紧急的任务可以适当延迟或彻底放弃。通过四象限法，学生干部可以更加清晰地了解自己任务的优先级，便于有序完成任务，避免时间的浪费和任务的堆积。

（3）学习专业工具和软件

教师可以鼓励学生干部主动学习和运用一些专业工具和软件，如时间管理软件、团队协作工具等，帮助他们更加高效地安排时间、管理任务进度、与团队成员沟通合作。教师还可以向学生干部推荐一些常用的工具和软件，并指导他们如何灵活运用，以适应不同的场景和需求。

2. 注重团队合作和资源共享

（1）强调团队合作意识

教师应当强调学生干部之间的团队合作意识。团队合作有助于充分发挥每个成员的优势，使工作任务得以高效完成。鼓励学生干部之间建立良好的沟通和合作机制，可以提升整个团队的凝聚力和执行力。教师可以组织团队活动、讨论会或培训课程，帮助学生干部培养团队合作的意识。

（2）分享工作经验和资源

学生干部之间应当积极分享工作经验和资源，相互学习借鉴，共同提高工作效率。教师可以促进学生干部之间的经验交流和资源共享，如组织经验交流会、分享会或建立工作群组等。通过分享成功案例、工作技巧和工作资源，学生干部可以互相启发，不断完善自己的工作方法，提高整体工作效率。

（3）建立有效的团队协作机制

教师可以指导学生干部建立有效的团队协作机制，包括明确工作分工、制定有效的沟通渠道、建立工作反馈机制等。合理的团队分工有利于每个成员都能充分发挥自己的专长和优势；有效的沟通渠道有利于团队成员之间的信息畅通，及时解决问题和调整工作计划；建立工作反馈机制有利于及时收集和总结工作反馈意见，不断优化团队协作流程，提高工作效率和质量。教师可以作为团队协作的组织者和引导者，帮助学生干部建立起良好的团队协作机制，提升团队整体的执行力和效率。

3. 不断学习和积累经验

（1）参加相关培训和讲座

教师可以鼓励学生干部积极参加相关的培训和讲座，以提升专业知识和工作技能。这些培训和讲座可以帮助学生干部了解最新的管理理论、工作方法和技能，使其拓宽视野，使其提升综合素质。

（2）阅读相关书籍和文献

除了参加培训和讲座，学生干部还应当积极阅读相关的书籍和文献，丰富自己的知识储备。教师可以向学生干部推荐一些与管理、领导力、团队合作等相关的书籍和文献，引导他们深入学习和思考。通过阅读，学生干部可以开阔视野，汲取他人的经验和智慧，不断提高自己的管理水平和工作效率。

第九章
安全管理与心理健康教育研究

第一节 安全管理目标下大学生心理健康教育的重要性

一、保障大学生心理健康

受学习压力、人际交往压力、现实挫折等因素的影响，一些大学生缺乏心理安全感，有些大学生甚至不能正确认识并正视自己的心理健康问题，且不能得到及时有效的心理健康教育与心理疏导，最终使心理健康状况恶化，给自己或他人带来伤害。心理健康教育可引导大学生建立积极的、安全的心理状态，更好地融入社会生活。

（一）自我认知与心理安全感

自我认知是指个体对自己进行认知的过程，包括对自己的能力、特点和情感状态的认知。大学生自我认知的准确性直接影响其心理安全感的建立。通过心理健康教育，大学生可以学习如何客观认识自己，并建立积极的自我形象，从而提升心理安全感，更好地适应挑战和压力。

心理安全感是个体对自身在社会关系中的价值和地位的主观评价，是心理健康的重要组成部分。缺乏心理安全感的大学生更容易受到外界压力的影响，出现焦虑、抑郁等心理问题。因此，心理健康教育有助于大学生建立积极的自我认知，有助于其提升心理安全感，从而保障其心理健康。

（二）学习压力管理与情绪调节

大学生面临来自学业、就业等多方面的压力，而不良的学习压力管理和情绪调节方式容易导致心理健康问题。心理健康教育通过教导大学生有效的学习压力管理策略，包括时间管理、目标设定、压力释放等，鼓励他们积极应对挑战，提高其情绪调节能力。

情绪调节是指个体对自身情绪进行感知、理解和调节的过程。良好的情绪调节能力有助于大学生更好地应对挫折和压力，保持心理健康。通过心理健康教育，大学生可以学习有效的情绪调节技巧，如呼吸技巧、放松训练等，从而提升情绪管理能力，预防心理健康问题。

（三）人际交往与情感管理

良好的人际交往能力和情感管理能力对于维护心理健康至关重要。心理健康教育可以教导大学生建立健康、积极的人际关系，教授大学生妥善处理人际冲突的技巧，从而减轻人际关系为之带来的压力。

情感管理是指个体对自身情感体验的认知、表达和调节以及与他人建立健康的情感关系的能力。通过情感管理，大学生可以更好地理解自己的情感需求，避免情感困扰对心理健康造成负面影响。心理健康教育可以帮助大学生培养情感表达能力、接纳情感体验，从而提高情感管理水平，增强心理韧性。

二、保障校园安全

一些校园问题乃至群体事件的发生与大学生心理问题有关，通过加强心理健康教育，可以有效预防和干预心理危机，保障大学生的心理健康和校园的和谐稳定。

1. 减少因心理问题引发的事件

心理健康教育有助于预防心理疾病。心理疾病如抑郁症、焦虑症等，不仅严重干扰大学生的正常生活，更可能导致自伤、自杀等极端事件的发生。心理健康教育正如一盏明灯，为大学生提供了早期识别和干预心理问题的可能。通过普及心理健康知识，大学生能够更加清晰地认识自己的心理状态，一旦发现异常，便能及时寻求专业帮助，避免问题的恶化。同时，心理健康教育也有助于消除对心理问题的污名，鼓励大学生敞开心扉，勇于面对自己的心理困扰，从而在更大程度上减少心理疾病带来的负面影响。

提高问题解决能力，是心理健康教育的关键所在。面对生活与学习中的困难与挑战，大学生如果缺乏有效的解决问题的能力，很容易将矛盾激化，甚至导致校园冲突和斗殴事件的发生。心理健康教育注重培养大学生的问题解决能力，教授他们如何运用科学的思维方法，理性分析问题，寻找合理的解决方案。通过这样的教育，大学生在遇到问题时能够更加冷静，避免因冲动而做出不理智的行为。

2.营造积极的校园氛围

团队合作默契是营造积极校园氛围的重要体现。心理健康教育能够帮助大学生更好地理解团队动态，如团队角色分工、沟通协作等，从而提高团队合作的效率和质量。在团队活动中，能够倾听他人意见、尊重他人贡献的大学生，心理更健康，也更容易适应未来的社会生活。

提升校园凝聚力是营造积极校园氛围的关键目标。一个关注心理健康的校园环境能够增强大学生的归属感和满意度，从而提升整个校园的凝聚力。心理健康教育能够关注到每个大学生的个体差异，提供个性化的心理支持和指导。这种关注使大学生感到被重视和尊重，从而增强其对高等学校的信任和依赖。心理健康教育还鼓励大学生勇于创新，提出新的想法和解决方案。这种创新氛围能够激发大学生的潜能，增强团队的凝聚力。心理健康教育倡导学生之间的互助与支持，形成良好的校园氛围。这种互助机制有助于形成紧密的校园关系网，增强校园的凝聚力。

三、消除潜在的安全隐患

心理健康教育是保障大学生心理健康、预防因心理问题引发安全事件的重要措施，有助于高等学校及时发现和解决大学生的心理问题，消除潜在的安全隐患，为大学生创造一个健康、安全的学习环境。

心理健康教育涉及心理健康评估、心理咨询服务等。通过定期心理健康评估，高等学校能够及时了解大学生的心理状态，发现潜在的心理问题。这种评估不仅关注大学生的心理健康状况，还关注他们的生活环境、学习压力等多个方面，能够为高等学校准确把握大学生的心理状态提供依据。专业的心理咨询服务能够为大学生提供及时的支持，帮助大学生更好地面对和解决心理问题，从而提高心理素质，预防因心理问题引发的安全事故。

通过心理健康教育，高等学校可以及时发现大学生的心理问题，并采取相应的预防措施。比如，建立预警机制，包括建立心理健康档案、定期跟踪回访等。这些措施能够帮助高等学校及时发现大学生的异常情况，防止心理问题恶化，从而避免安全事故的发生。

第二节 大学生心理健康问题的影响因素

一、环境因素

（一）高等学校环境对大学生心理健康的影响

1. 人际关系的影响

人际关系对大学生的心理健康有重要影响。在竞争激烈的学术氛围中，大学生面临同学间的比较和竞争，这种竞争压力可能导致自我负重感、自卑情绪等。而良好的人际关系可以提供情感支持和社会支持，有助于缓解大学生的学业压力和生活压力，维护大学生心理健康。

2. 学业压力与生活压力的叠加

在高等学校环境中，大学生面临来自学业和生活方面的双重压力。学业压力主要来自课业负担、考试等，而生活压力可能是因为经济拮据等。这些压力的叠加可能加剧大学生的心理健康问题。

3. 社会化功能的影响

高等学校具有社会化功能，大学生在高等学校中能够接触到不同的社会文化和思想观念。在大学生自身信念不够坚定的时候，这些多元的社会文化和思想观念可能使他们感到困惑和迷茫，甚至挫败。尤其是诚实与欺骗、正义与利益之间的选择等道德困境可能给他们的心理造成负担。大学生在追求个人愿望和满足社会期望之间也可能面临冲突，导致他们对自己的定位产生怀疑，影响心理健康。

（二）心理健康的影响

1. 家庭关系与心理健康

家庭是大学生成长过程中最重要的环境之一，家庭关系对大学生的心理健康具有深远影响。良好的家庭关系可以提供情感支持和安全感，有助于培养大学生的自信心和抗挫折能力。相反，存在家庭冲突、家庭暴力等的家庭环境会影响大学生的心理健康。

2. 家庭教育与心理健康教育

家庭教育对大学生的心理健康有重要影响。父母的教育方式和态度会直接影响大学生的心理健康。温馨和谐的家庭教育可以促进大学生的心理健康成长，而苛刻、压抑的家庭教育可能导致大学生产生心理问题。

3. 家庭文化与心理健康

家庭文化是家庭传统、家庭观念和家庭价值观的集合体，对大学生心理健康具有重要影响。不同家庭文化会塑造出具有不同性格特点和心理健康水平的大学生，影响大学生对待问题的态度和行为方式。

二、个体因素

（一）性格与心理健康

1. 性格特点与心理健康

个体的性格特点对心理健康有着重要影响。拥有乐观、开朗性格的人更容易适应学习和生活中的挑战，保持心理健康。拥有消极、悲观性格的人容易情绪低落，产生抑郁等心理问题。

2. 性格与压力应对

不同性格的人应对压力的方式不同。积极乐观的人更倾向于积极应对挑战和压力，而消极悲观的人更倾向于逃避或消极对待，从而导致心理健康问题。

（二）兴趣与心理健康

1. 兴趣对心理健康的影响

个体的兴趣也会影响个体的心理健康。拥有积极向上的兴趣的人，可以通过自己的兴趣爱好获得美好体验，提升自我满足感和幸福感，有利于心理健康。

2. 兴趣与心理应对

在面对挑战和困难时，个体的兴趣能够成为一种有效的心理应对方式。通过参与感兴趣的活动，个体可以转移注意力，减轻负面情绪，保持心理健康。

第三节　高等学校安全管理目标下大学生心理健康教育存在的问题

一、高等学校安全管理目标设置与执行问题

校级思想教育工作领导小组负责规划和落实大学生心理健康教育的具体工作。以往心理健康教育工作小组成员很少来自学校的保卫科和宣传部，但自从将心理健康教育引入课程教学，并且成为多数大学生的必修课程以后，心理健康教育课程的理论体系和实践方案就基本固定下来。但是在安全管理目标下，高等学校需将心理健康问题与高等学校安全管理问题相结合，除了延伸心理健康教育的教育功能，还要进一步探讨高等学校安全保障功能。目前，部分高等学校安全管理目标的设置与执行并未突出心理健康教育的重要性和特殊性。

首先，传统的安全管理目标在于约束人的行为，对行为的关注度较高，而对人思维意识的关注度较低，因此很多安全管理目标只提出了对事件或行为的要求。

其次，安全管理目标的执行缺乏主动性。高等学校开展心理健康教育的目的是除了向大学生输出正确的思想和价值观，还包括了解和主动接受大学生的心理变化，发现大学生的心理问题，主动进行干预。目前，高等学校保卫科很少直接干预大学生的心理问题，而是由专业辅导员或者校医务室的心理医生处理，没有真正将心理安全问题与安全管理相结合，没有具体落实在安全管理目标中。

最后，高等学校安全管理执行具有滞后性。心理健康问题已经成为影响大学生学习和校园安全的重要因素，很多安全事故和风险事件来源于出现心理问题或思维极端的大学生。但是，在校园安全管理和目标设置中，部分高等学校并未明确提出对心理有问题或者有不良倾向的大学生采取何种管理措施，对大学生不良行为和极端行为的定义也比较模糊。因此，安全管理工作仍然具有滞后性。

二、心理健康教育实践问题

心理干预机制是心理健康教育的一部分，主要针对大学生心理的不确定性和复杂性，通过主动干预尽量降低因心理问题而引发的安全管理风险。当前，部分高等学校实行的心理健康教育模式依然偏重理论而忽视实践，注重教师引导而忽视干预。心理健康教育的约束力不强，因此，大学生即使了解心理健康教育知识，也缺乏自我干预的能力。

（一）理论与实践脱节

理论与实践脱节是当前高等学校心理健康教育中一项突出的问题。

理论教学与实践操作的脱节部分源于教育体系的设置和教学方法的局限性。在一些高等学校的心理健康教育课程中，理论知识的传授往往是主要内容，而实践操作往往被边缘化或忽视。这种倾向导致大学生缺乏对实际问题的处理能力。举例而言，大学生可能掌握了各种心理健康疾病的理论知识，但在实际情况中难以准确判断自己或他人是否存在心理健康问题，并且缺乏相应的干预和应对能力。

（二）教师能力不足

教师能力不足是当前高等学校心理健康教育面临的严峻挑战之一。这一问题的产生与教师队伍的整体素质、培训机制等存在密切关联。教师在心理干预方面的能力和知识水平直接影响心理健康教育的实践效果。然而，由于心理学专业知识的复杂性和专业性，部分教师缺乏足够的心理学背景和专业培训，使他们在面对大学生心理问题时无法准确识别、评估和处理。即便一些教师具备相关专业背景，但心理干预实践经验不足也是一大瓶颈。教师缺乏丰富的实践经验，难以应对复杂多变的心理健康问题，这直接影响了他们在教学和辅导中的有效性和专业性。

（三）资源支持不足

高等学校的资源支持对于心理健康教育的开展至关重要，但目前存在一定程度的不足。一方面，高等学校在心理健康教育方面的投入不足，导致心理健康教育项目、课程和培训的开展受到限制。另一方面，高等学校缺乏必要的心理健康服务设施和人员配备，无法提供大学生所需的及时、专业的心理支持和服务。例如，心理咨询室、心理辅导师队伍等方面的建设和配备存在短板，无法满足大学生日益增长的心理健康需求。

（四）大学生心理问题的复杂性

首先，大学生心理问题的多样性使心理干预工作更加复杂。每个大学生都可能面临不同的心理问题，且这些心理问题的表现形式和程度各异。这种多样性使心理干预工作者需要具备丰富的心理学知识和经验，能够识别和理解不同类型的心理问题，并有针对性地进行干预和支持。

其次，个体差异性是大学生心理问题复杂性的另一个重要原因。每个大学生的个性特点、生活背景、家庭环境等都不同，这些因素会对其心理健康产生不同程度的影响。例如，一些大学生可能在家庭环境中受到过度保护，缺乏独立性和应对能力；而另一些大学生可能存在家庭矛盾或经济困难，从而产生焦虑和压力。因此，针对每个大学生进行个性化的心理干预和支持显得尤为重要。

最后，大学生心理问题的复杂性还体现在各种因素的交互作用上。大学生的心理问题往往不是单一因素所致，而是多种因素综合作用的结果。例如，学习压力可能会引发焦虑和抑郁，而人际关系的不和可能会加剧这一问题。因此，心理干预工作需要综合考虑各种因素，制订综合性的干预方案。

第四节　高等学校安全管理目标下大学生心理健康教育的实践策略

一、加强安全管理目标与心理健康教育的联系

在安全管理目标下，需要将大学生心理健康教育与高等学校安全管理工作、具体事件相结合。

（一）教育内容与实践相结合

心理健康教育的目标是通过教育内容和实践的结合，使大学生更深入地了解心理健康问题并培养其内省能力。在大学生心理健康教育课程中，通过列举常见的心理健康问题，如焦虑、抑郁等，引导大学生进行自我分析，使大学生将课堂学习与个人体验相结合，从而更深入地理解心理学内容，并培养自我认知和情绪管理能力。

从课程设计和引导教学环节出发，心理健康教育工作小组应该扩充组织人员，收纳学校保卫科和校团委等职能部门的人才。保卫科直接关联学校安全管理部门，其加入有助于形成有实践性和任务关联性的校园心理安全管理系统。保卫科的参与可以更有效地整合校园安全管理与心理健康教育，提升大学生的安全意识和自我保护能力。

（二）学生干部力量的发动与教育任务的下放

在心理健康教育工作小组下属区域，应设立与心理健康相关的学生工作小组。这样的组织结构可以充分发动学生干部的力量，使他们在心理健康教育工作中承担相应的职能。学生干部作为大学生群体的代表，能够更好地了解大学生的心理状态和需求，从而更有效地开展心理健康教育工作。

将教育任务下放至大学生群体，可以更及时地获取大学生的心理咨询要求和相关信息，了解大学生的心理健康水平，并做好数据的收集和统计工作。这样的底层组织结构能够更加灵活地应对大学生的心理需求，提供更加个性化和具有针对性的心理支持和指导。

（三）教师的角色转变与心理健康教育的全方位实施

传统上，心理干预工作主要由辅导员和校医务室、心理辅导室等机构来承担。但随着大学生心理健康问题的日益突出和多样化，这些机构的服务往往无法满足大学生的需求。因此，教师作为大学生身边的重要人员，应主动承担起心理健康教育和干预引导的任务，发挥其在教学和大学生生活中的重要作用。

一方面，教师可以通过开展心理咨询工作，积极介入大学生的心理健康教育。教师便于在各专业或各年级开展心理咨询工作，为大学生提供更加贴近实际需求的心理支持服务。教师可以利用自己的专业知识和教学经验，与大学生建立信任关系，帮助他们认识和解决心理问题。同时，教师可以通过开展心理健康教育课程，向大学生传授心理健康知识和技能，提升大学生的心理健康水平。

另一方面，在课堂教学和日常管理中，教师可以与大学生进行密切的沟通与交流，并在心理咨询过程中保持联系。一旦发现大学生存在心理问题，教师应及时介入并加强引导，帮助他们认清自己的心理问题，并提供相应的解决方案。教师的参与和关心可以有效地促进大学生心理问题的早期发现和干预，防止问题的进一步恶化。例如，对于那些存在较为极端心理问题的大学生或与校园安全管理风险密切相关的大学生，高等学校应加强安全管理，并将其设定为心理健康教育的重点对象。教师可以发挥其在大学生日常生活中的作用，积极关注这些大学生的心理健康状况，及时发现并介入，为他们提供必要的支持，帮助这些大学生走向正轨，提升校园安全和心理健康水平。

二、加强心理健康教育干预机制的建设

加强心理健康教育干预机制的重点应在于及时发现和识别大学生的心理健康问题。

（一）构建高效的大学生心理健康干预机制

1. 建立三级预警干预机制

建立高等学校、班级、寝室三级预警干预机制，可以实现对大学生心理健康问题的全程监测和全方位干预。寝室长作为基层的监测节点，负责及时了解

大学生的心理状态，发现异常情况应及时向班级辅导员汇报，实现初级预警。辅导员在收到报告后，应及时与大学生沟通，进行情绪疏导和问题解决，如遇到复杂情况，应及时向学院领导汇报，实现中级预警。学院的党政教师负责对学院范围内的心理问题进行监测和应对，必要时向大学生心理健康教育中心汇报，实现高级预警。这样的三级预警机制能够实现信息的快速传递和专业干预的有效实施，为大学生的心理健康保驾护航。

2.定期组织心理健康情况调查

定期组织心理健康情况调查也是保障大学生心理健康的重要手段。通过问卷调查、走访调研、专题课程等方式，全面了解大学生的心理健康状况和存在的问题，为制定有针对性的干预措施提供依据和支持。这种调查活动不仅可以发现大学生的心理健康问题，还可以探索其背后的原因和规律，为心理健康教育的改进和完善提供理论和实践基础。

（二）提升心理健康教育干预机制的有效性与持续性

1.加强师资队伍建设

一个高素质、专业化的心理健康教育团队是保障干预工作成功的核心。这需要采取一系列措施，包括招聘专业心理咨询师、心理医生等专业人才，提供持续的培训和学术支持，不断提升教育干预的水平和质量。

首先，招聘专业心理咨询师和心理医生等专业人才是建设高水平师资队伍的重要步骤。这些专业人才应具备扎实的心理学理论知识和丰富的实践经验，能够对大学生的心理问题进行准确的评估和有效的干预。他们应具备良好的沟通技巧和人际关系处理能力，能够与大学生建立信任关系，引导他们解决心理问题。

其次，提供持续的培训和学术支持是保障师资队伍专业化的重要手段。心理健康教育专业培训课程、学术研讨会和专业交流活动等方式，有助于不断更新师资队伍的知识和技能，使其紧跟心理学领域的最新发展，提升其处理大学生心理问题和对大学生进行心理健康教育的水平和质量。此外，高等学校可以建立师资队伍内部的互助机制和学术交流平台，促进教师之间的相互学习和共同成长。

再次，加强团队协作和跨学科合作是优化师资队伍建设的重要途径。心理健康教育涉及多个学科领域，需要跨学科的专业知识和技能。因此，建立跨学科的师资团队，整合心理学、教育学、医学等多个学科的专业力量，共同应用于心理健康教育工作，有助于实现资源共享和优势互补，提升教育干预的综合效果。

最后，高等学校应建立健全的评价机制和激励机制，激发师资队伍的积极性和创造力。通过定期对师资队伍的工作进行评估和考核，可以及时发现和解决存在的问题。同时给予表现突出的教师适当的奖励和荣誉，可以鼓励他们不断提升自身的专业水平和影响力。

2. 强化信息化建设

借助信息技术，可以建立完善的大学生心理健康档案和跟踪系统，实现对大学生心理健康状况的实时监测和全面管理。这有助于及时发现大学生心理问题出现的规律和发展趋势，为制定有针对性的干预措施提供科学依据和支持。

首先，建立大学生心理健康档案是信息化建设的重要内容之一。高等学校可以通过信息化平台收集大学生的心理健康信息，包括个人基本信息、心理评估结果、心理咨询记录等内容，形成大学生心理健康档案。这样的档案可以帮助高等学校了解大学生的心理状况，及时发现潜在的心理问题，并为后续的干预工作提供参考依据。其次，建立大学生心理健康跟踪系统是信息化建设的重要任务之一。高等学校可以建立大学生心理健康的动态跟踪系统，实现对大学生心理状态的实时监测和全面管理。同时，通过定期的心理健康评估和调查，收集大学生的心理健康数据，及时发现心理问题的变化和趋势，为高等学校提供决策支持和干预指导。再次，利用大数据分析和人工智能技术可以进一步提升信息化建设的效果。对大量大学生心理健康数据进行分析可以发现大学生心理问题的规律和趋势，帮助高等学校了解不同大学生的心理特点，为制定有针对性的干预措施提供科学依据。最后，利用人工智能技术，可以开发智能化的心理健康辅助工具，为大学生提供个性化的心理支持和指导。

3. 强化社会资源整合

除了高等学校内部的资源，积极借助社会力量，整合社会资源，建立健全心理健康服务网络，对于提供全方位、多层次的心理健康服务至关重要。与心理咨询机构、社会组织、公益机构等展开合作，可以为大学生提供更加全面、专业的心理支持，形成学校、家庭和社会的良性互动和合力，共同维护大学生的心理健康。

首先，与心理咨询机构合作是强化社会资源整合的重要方面。高等学校可以与专业的心理咨询机构建立合作关系，共同开展心理咨询服务。这些机构通常拥有丰富的心理咨询经验和专业知识，可以为大学生提供高质量的心理咨询服务，帮助他们解决心理问题，提升他们的心理健康水平。

其次，与社会组织展开合作也是强化社会资源整合的重要方面。社会组织通常具有丰富的资源，可以为高等学校提供各类心理健康活动和项目支持。高等学校可以与心理健康相关的社会组织合作，共同举办心理健康讲座、心理健康培训等活动，为大学生提供更加丰富多彩的心理健康服务。

最后，与公益机构的合作也是强化社会资源整合的重要方面。公益机构通常致力于推动社会发展和公益事业，可以为高等学校提供志愿者服务、项目支持等方面的机会。高等学校可以与公益机构合作，共同开展心理健康相关的公益活动，为大学生提供更加全面的心理支持。

三、加强心理健康教育危机管理机制建设

高等学校需要将危机管理融入日常心理健康教育工作，使其成为教育体系的一部分。因大学生心理问题引发的校园安全事件是危机管理的主要对象。高等学校心理健康教育要摆脱理论教学的束缚，结合校园安全事件，通过风险管理机制，对大学生进行必要的心理干预和行为引导。

（一）融入日常心理健康教育工作

将危机管理纳入日常心理健康教育工作，需要打破传统心理健康教育的束缚，注重实践和应用，以应对由大学生心理原因引发的校园安全事件。以下是加强心理健康教育危机管理机制建设的具体措施。

1. 建设危机管理团队

高等学校应成立专门的危机管理团队，整合心理健康教育部门、保卫部门、学生工作部门等多个部门的资源，共同应对校园安全事件。该团队应设立专职

人员负责危机管理工作，制定相关政策和流程，定期进行演练和评估。

2. 制订危机管理预案

针对可能出现的不同类型的校园安全事件，高等学校应制订详细的危机管理预案，包括事件的应急处理流程、责任分工、信息发布机制等。预案应考虑有关大学生心理健康问题的因素，采取针对性措施，最大限度减少事件造成的损失和影响。

（二）风险预判与主动干预

1. 利用心理教育了解大学生心理变化

通过心理教育课程和心理咨询活动，高等学校可以深入了解大学生的心理状态和行为变化，从而及时发现其潜在的心理问题。这不仅有助于提升大学生的心理健康水平，还能有效预防和减少大学生心理问题的发生。

首先，通过心理教育课程，高等学校可以向大学生传授心理健康知识和技能，引导他们正确认识自己的情绪和心理状态。在课堂上，教师可以与大学生进行互动和交流，了解他们的心理需求和困惑，及时解答疑惑，引导他们建立积极的心理态度和行为习惯。同时，通过案例分析和角色扮演等形式，让大学生更加深入地了解心理问题的本质和解决方法，增强他们的心理应对能力。

其次，高等学校可以组织心理咨询活动，为大学生提供个性化的心理支持和指导。通过定期举办心理咨询讲座、个案咨询等活动，高等学校可以为大学生提供一个开放、安全的交流平台，让他们敞开心扉，分享内心的困扰和烦恼。借助专业心理咨询师的帮助，高等学校可以更加准确地了解大学生的心理状况，发现其潜在的心理问题，并及时进行干预和指导。

最后，建立大学生心理档案是了解大学生心理变化的重要途径。高等学校可以通过对大学生的心理状态、行为表现等方面进行系统记录，建立起完善的大学生心理档案系统。通过对大学生心理档案的管理和分析，高等学校可以及时发现可能存在心理问题的大学生。尽早采取针对性的措施对于帮助有心理问题的大学生走出困境很重要。

2. 主动干预和危机管理

针对可能存在心理问题的大学生，高等学校可以开展个性化的心理干预和危机管理，采取多种方式，如个别辅导、心理咨询、心理疏导等，帮助大学生解决心理困扰，防止其心理问题的进一步恶化。

（三）实践导向与跨部门合作

1. 实践导向

心理健康教育应注重实践导向，如通过实际案例分析、角色扮演、模拟演练等活动，提升大学生的心理应对能力和危机处理能力。教育活动要贴近大学生的实际生活，以增强大学生的实际操作能力和应对能力。

2. 跨部门合作

高等学校各部门应加强合作，形成协同作战的态势，共同应对校园安全事件。保卫部门、学生工作部门、心理健康教育部门等之间要加强信息共享和协调配合，形成合力，共同维护校园安全和大学生心理健康。

参考文献

[1] 陈勇，陈蕾，陈旻. 立德树人：当代大学生思想政治教育的根本任务 [J]. 思想理论教育导刊，2013（4）：9-14.

[2] 顾海良. 大学生思想政治教育的理论创新 [J]. 中国高等教育，2005（Z1）：4-7.

[3] 韩华. 人文关怀视野下的大学生思想政治教育 [J]. 思想理论教育导刊，2009（2）：85-88.

[4] 黄蓉生. 大学生思想政治教育：理想信念是核心 [J]. 高校理论战线，2004（12）：8-11.

[5] 姜恩来. 新媒体环境下的大学生思想政治教育 [J]. 高校理论战线，2009（6）：54-56.

[6] 闵永新. 大学生思想政治教育有效性研究的现状与展望 [J]. 思想理论教育导刊，2010（1）：80-87.

[7] 逢锦聚，李毅. 新形势下进一步加强和改进大学生思想政治教育的新途径探索 [J]. 思想理论教育导刊，2005（3）：57-62.

[8] 徐柏才，张俊. 用社会主义核心价值体系指导大学生思想政治教育 [J]. 学校党建与思想教育，2007（2）：57-60.

[9] 徐振祥. 新媒体：大学生思想政治教育的机遇与挑战 [J]. 思想政治教育研究，2007（6）：64-66.

[10] 张泰城，肖发生. 红色资源与大学生思想政治教育 [J]. 教学与研究，2010（1）：72-77.

[11] 郑永廷，朱礼军. 大学生思想政治教育的现实反思与时代课题 [J]. 学校党建与思想教育，2005（5）：8-11.

[12] 郑禹.励志教育：大学生思想政治教育的重要内容 [J].中国高教研究，2008（3）：72-74.

[13] 周长春.新形势下大学生思想政治教育探索 [M].北京：北京工业大学出版社，2005.

[14] 周济.抢抓机遇乘势而上加强和改进大学生思想政治教育 [J].中国高等教育，2004（21）.